무엇이 역사인가

린 헌트, 역사 읽기의 기술

무엇이
역사인가

린 헌트 지음 ∣ 박홍경 옮김

차례

1장

역사가 그 어느 때보다 더 중요해진 이유

2장

역사적 진실을 찾아서

3장

역사의 정치

4장

역사의 미래

1장

HISTORY

역사가 그 어느 때보다
더 중요해진 이유

온 사방에서 역사가 문제다. 정치인들은 역사적 사실에 대해 거짓말을 하고, 온갖 집단들이 유적의 운명을 놓고 갈등을 벌인다. 관료들은 역사 교과서의 내용을 면밀히 조사하고, 전 세계적으로 진상규명위원회의 활동이 급증하고 있다. 역사박물관의 수가 급격히 증가하는 현상에서 알 수 있듯 우리는 역사에 사로잡힌 시대에 살고 있다.

하지만 역사적 진실을 둘러싼 염려가 깊은 시대이기도 하다. 역사에 대해 거짓말하는 일이 그토록 쉽다면, 유적이나 역사책이 무엇을 전달해야 하느냐를 놓고 사람들의 의견이 그토록 엇갈린다면, 과거사에 대한 진실을 파헤치기 위해 진상규명위원회를 세워야 한다면, 역사에 대해 무엇을 확실하다고 규정할 수 있을까? 유산 등록지를 지정하고 역사협회를 설립하는 목적은 도발하기 위해서인가, 위로를 주기 위해서인가, 아니면 그저 사람들의 관심을 돌리기 위해서인가? 이 책에서는 여러 질문거리를 던지고 그 질문에 답변할 방법을 살펴볼 것이다. 역사란 정의상 발견해나가는 과정이지 확립된 도그마가 아니기에 이 책이 모든 골칫거리를 말끔히 해결해줄 수는 없을 것이다. 그렇더라도 그 어느 때보다 오늘날 역사가 더 중요한 의미를 지니는 이유를 제시할 수는 있을 것이다.

역사에 대한 노골적인 거짓말

/

역사에 대한 거짓말로 세간의 주목을 받은 사례로 부동산 개발업자인 미국의 대통령 도널드 트럼프Donald Trump가 2012년 버락 오바마Barack Obama 당시 미 대통령에 대한 의혹을 제기한 일화를 들 수 있다. 트럼프는 오바마가 미국에서 출생하지 않았으며, 따라서 불법적으로 대통령에 선출됐다고 넌지시 말했다. 오바마 대통령이 하와이 출생 사실을 확인해주는 출생증명서를 제시하자 트럼프는 증명서가 위조됐을 가능성을 제기했다. 출생증명서를 위조문서로 간주할 만한 증거는 어디에도 없었다.[1] 2016년 대선 기간 중 트럼프는 종전의 입장을 번복하여 오바마의 미국 출생 사실을 인정했다.

자신이 허위 주장을 조장했음을 시인하면서 분란을 매듭짓는 공을 가로채기까지 했다. 이제 트럼프의 거짓 비판에 환호하는 추종자들은 별로 없지만 다른 종류의 거짓 주장은 계속 제기되고 있다. 대표적인 사례가 홀로코스트의 부인이다.

유럽에서 극우 성향의 정치인들과 일부 문인들은 찰나의 유명세를 얻기 위해 1933년과 1945년 사이에 600만의 유대인이 계획적으로 학살된 역사적 사실을 부정한다. 희생자의 수가 600만에 훨씬 못 미친다거나 히틀러와 나치가 대량 학살에 대한 공식적인 계획을 세운 적이 없다는 주장에서부터 가스실이 존재하지 않았다는 주장에 이르기까지 갖가지 형태의 부정이 일어난다. 홀로코스트 부정은 역사에 대해 거짓말하는 자들의 대표적 사례로 자리 잡았다. 거짓을 주장하는 자들은 살상에 가담한 사람들의 이름과 규모, 가해자들이 동원했던 수단과 의도를 참혹할 정도로 자세하게 밝혀낸 철저한 역사적 조사를 부인한다. 그뿐만 아니라 희생자에 대한 목격자의 진술과 강제수용소를 탈출한 사람들의 증언도 타당하지 않다고 잡아뗀다. 홀로코스트를 어떻게 해석해야 하느냐를 놓고 역사학자들이 이견을 보일 수 있고 실제로 이견이 존재하기도 하다. 하지만 진지한 역사학자나 독자라면 살상이 계획적이고 대규모로 자행되었다는 사실 자체에 의문을 제기하지 않는다.

거짓 주장이 제기될 때마다 수많은 기록에 근거한 반박이 제기되고 독일 정부와 민간에서도 과거의 악행을 인정하는 모범적인 노력을 기울이고 있지만 홀로코스트 부정은 페이스북 등 소셜 미디어를 통해 유럽 전역과 세계 다른 지역까지 퍼져 나가고 있다.[2] 홀로코스트 부정이 반이스라엘 정책으로 유용하게 활용될 수 있음을 발견한 일부 중동국가의 고위층은 역사 부정을 강력하게 지지하는 실정이다. 2005년 12월 14일 마흐무드 아흐마디네자드Mahmoud Ahmadinejad 이란 대통령은 홀로코스트가 '근거 없는 믿음'이라고 말했다. 그러자 이란의 관영 언론사는 연설문에서 해당 부분을 들어내 대통령이 그런 언급을 하지 않은 듯 꾸몄다. 거짓을 거짓으로 덮은 꼴이었다.[3] 홀로코스트를 얼마나 엉터리로 부인하든 근거가 부실하든 상관없이 효과는 분명하게 발생한다. 2013년 말부터 2014년 초에 국제적으로 실시된 설문조사에서 중동과 북아프리카에 거주하는 응답자 가운데 홀로코스트 관련

"

기이한 주장이라도 사람들의 입에 오르내린다는 이유만으로 대대적으로 유포되고 어느 정도의 신빙성을 얻는다. 이러한 상황에서 역사적 진실을 고집하기란 시민으로서 용기를 발휘해야 하는 일이 되었다.

"

역사적 서술이 정확하다고 생각한다는 비율은 5분의 1에 그쳤다.[4]

역사에 대한 노골적인 거짓말은 소셜 미디어의 영향으로 더 흔해졌다. 월드와이드웹은 역사에 대한 거짓말이 들끓는 환경을 조성했다. 인터넷에서는 사실상 누구라도 사전 조사를 거치지 않고 별다른 제재도 없이 익명에 기대 아무 글이나 올릴 수 있기 때문이다. 기이한 주장이라도 사람들의 입에 오르내린다는 이유만으로 대대적으로 유포되고 어느 정도의 신빙성을 얻는다. 이러한 상황에서 역사적 진실을 고집하기란 시민으로서 용기를 발휘해야 하는 일이 되었다.

역사학자들은 기자나 소설가와 달리 죽음의 위협, 파트와(이슬람법에 따른 결정-역자 주)에 시달리거나 실제로 암살 위협을 받는 일이 흔치 않으며 사방에서 반대에 부딪히는 경우도 없지만 종종 논란의 중심에 서곤 한다. 독재정권은 불편한 진실을 고집하는 역사학자들을 멀리한다. 프랑스의 유명한 역사학자 쥘 미슐레Jules Michelet는 1851년 루이 나폴레옹 보나파르트Louis-Napoleon Bonaparte 정권에서 교수직을 잃었다. 미슐레의 열강이 끝나면 학생들이 반정부 구호를 외치며 거리로 나가기 일쑤였기 때문이었다. 경찰은 강의실에 첩보원을 심어놓고 그의 명성에 흠집을 내기 위해 강의록 사본을 위조했다. 미슐레의 일부 동료들은 정부의 조치에 근거를 마련해주기 위해 비겁하게도 그를 비난하는 일에 동참했다. 미슐레는 국립고문서보존소에서도 해임됐다. 대통령의 임기 제한에 불만을 품고 불법 쿠데타를 일으킨 루이 나폴레옹에게 미슐레가 충성 맹세를 하지 않았다는 이유에서였다. 하지만 그는 체포되어 강제로 프랑스령 기아나의 죄수 유형지인 카옌으로 이송된 쿠데타 반대자들 수백 명에 비해서는 운이 좋은 축에 속했다.[5]

　미슐레의 예에서 보듯, 대체로 온건한 태도를 취하는 역사학자라도 정치 위기나 국제적 위기가 조성되는 시기에는 사선을 넘나들 수 있다. 1940년 《타임》은 미국의 인기 있는 역사 교과서 저자인 해럴드 러그Harold Rugg가 미국을 기회가 불평등하고 계급 갈등이 일어나는 땅으로 묘사하는 공산주의자라는 비난을 받고 있다고 보도했다. 러그는 '진정한 미국정신'을 가르치지 않는다는 이유로 '체제 전복적'이라는 비난을 받았고 일부 학교에서는 그의 교과서 사용을 금지했다. 심지어 오하이오 주의 한 마을에서는 학교 위원회가 러그의 교과서를 공개적으로 불태우는 사건도 일어났다.[6] 교과서 저자들과 출판사에서는 판매를 최대한 늘리기 위해 가급적 논란을 피하려고 노력한다. 하지만 러그의 사례에서 보듯, 역사적 진실을 둘러싼 분쟁은 언제나 가까운 곳에 도사리고 있다.

무엇을 위한 기념물인가

/

2017년 8월 중순, 미국 남부연합의 로버트 리Robert E. Lee 장군 동상의 운명을 둘러싼 대중의 다툼은 결국 버지니아 샬러츠빌의 폭력사태로 막을 내렸다. 시의회가 해방공원(이전의 리 공원)에서 동상을 철거하기로 결정하자 이에 반감을 품은 백인 국수주의자들은 나치 시대를 상기시키는 구호를 외치면서 버지니아대학 캠퍼스에서 횃불을 들고 행진했다. 다음 날에는 시위 반대자들과 격렬한 공방이 벌어졌고 동상 인근에서 다툼이 번졌다. 이 과정에서 한 신나치주의자가 시위 반대자들을 향해 차를 몰아 돌진했고 결국 젊은 여성이 목숨을 잃었다. 공원에서 93년 동안 자리를 지킨 기념물이라도 불쾌한(이 경우 인종주의) 의미를 지니는 경우 강한 반감을 일으킬 수 있다. 리 장군의 동상만 그런 것이 아니다. 과거 남부연합에 속했던 일부 주에서는 남부연합의 깃발과 기념물을 놓고 논쟁을 벌이고 있다. 철거를 원하는 사람들은 기념물이 오늘날 백인 우월주의의 상징으로 활용된다며 반대한다. 반면 철거를 반대하는 사람들은 철거가 역사를 의도적으로 지우는 시도라고 여긴다. 샬러츠빌 사건이 일어난 며칠 후 노스캐롤라이나 더럼의 반파시스트주의자들은 남부연합 군인의 동상을 제거하기로 결정했다.

기념물은 미국 남부에서만 문젯거리가 된 것이 아니다. 예일대 학생들은 노예제를 찬성한 정치인의 이름에서 유래된 칼훈 칼리지Calhoun College의 이름을 바꿔달라고 요청했다. 옥스퍼드의 학생들도 인종차별주의자에 악명 높은 제국주의자인 세실 로즈Cecil Rhodes의 동상을 철거해달라고 요구했다. 학생들의 기념물 철거 요청은 다른 많은 지역에서 일어나는 대혼란에 비교하면 온화한 수준이다. 연합국은 히틀러가 패배한 이후 모든 나치 상징을 즉각적으로 파괴하라고 명령했다. 소련이 붕괴하자 군중은 우크라이나에서 에티오피아에 이르는 광범위한 지역에서 레닌과 스탈린의 동상을 무너뜨렸다. 2003년 미군 주도의 공습 당시에는 사담 후세인Saddam Hussein의 청동상이 해체되었으며, 2008년에는 스페인에 남아 있던 독재자 프랑코의 마지막 동상이 철거되었다. 200년 이상을 거슬러 올라가면 1776년 미국 독립선언서가 공포된 며칠 후 뉴욕 시민들이 조지 3세의 금박 기마상을 해체한 사건도 있다.

기념물 파괴가 반달리즘(공공 기물의 파손)으로 비치는 경우도 있다. 탈레반은 2001년 아프가니스탄에서 1,500년 역사의 석상을 파괴했으며, ISIS는 2015년 시리아 팔미라에서 2,000년 역사의 로마 유적을 파괴했다. 이에 대해 세계적 문화유산을 무분별하게 파괴한다는 비난의 목소리가 일반적으로 제기됐다. 이슬람 과격분자들은 유물 파괴를 오랜 역사의 성상 파괴와 연결 지으면서 자신들이 우상을 파괴하는 것이라고 맞섰다. 성상 파괴란 종교적 이유에서 종교적 이미지를 비롯한 우상을 파괴하거나 무너뜨리는 행위다. 700~800년대 비잔틴 제국에서 종교적 이미지(우상)의 사용을 놓고 갈등이 벌어지면서 성상 파괴라는 표현이 등장했다. 우상 파괴자들

"

과거의 유물을 모두 보존할 수는 없다. 하지만 유
물의 일부는 시간을 관통하는 연결성과 연속성을
유지하기 위해 보존해야 한다. 문제는 무엇을 보
존할지인데 이 질문은 불가피하게 정치적인 성격
을 지닌다.

"

은 교회에 우상이 대거 유입되는 세태에 맞서면서 우상을 제거하거나 파괴했다. 1500년대 종교개혁 초기에 네덜란드, 스위스, 프랑스의 도시에서는 군중들이 교회에 진입하여 우상으로 간주되는 조각상과 장식물을 파괴하는 사례가 많았다. 그런 점에서 역사는 기념물 파괴에 대해 엇갈린 메시지를 전하는 것으로 보인다.

이러한 모호함은 기념물이 지닌 성질에서 비롯된다. 기념물은 기념하기 위해, 즉 과거를 회상하고 그 과거에 대한 존경심을 불러일으킬 목적으로 제작된다. 그 결과, 리 장군의 동상처럼 비록 세속적 성격으로 제작되었더라도 불가피하게 종교적 감정을 일으키는 것이다. 하지만 기념물은 언제나 정치적 목적으로 제작되며 교회, 종파, 정당의 권력이든 남부연합과 같은 정치적 대의든 권력을 주장한다. 이처럼 권력에 연계되어 있기 때문에 종교적 변화나 정권의 변화에는 기념물의 제작과 더불어 과거 기념물의 파괴가 뒤따른다. 유럽의 초기 기독교는 자신들의 우월성을 물리적으로 과시하기 위해 이교도나 로마 신전의 유적지에 교회를 세웠다. 사실 '고대 유물' 파괴의 오랜 역사는 기념물 파괴가 삶의 본질적인 부분과 맞닿아 있음을 보여준다. (영어에 '유물'이라는 단어가 등장한 것은 1500년대에 이르러서다. 이 시기에 로마와 그리스처럼 먼 과거의 유적 파괴를 둘러싸고 새로운 감정이 형성되었음을 알 수 있다.)

1789년 프랑스 혁명은 기념물 파괴의 역설이 가장 단적으로 드러난 사례다. 혁명가들은 1794년 일부 투사들이 교회에서 금은을 압류하여 프랑스를 비기독교화하려는 지나친 시도를 비난하면서 '반달리즘'이라는 표현을 썼다. 당시 투사들은 파리 노트르담 대성당에 설치되어 있던 왕의 조각상에서 머리를 부수고 교회를 이성의 전당으로 탈바꿈시켰다. 일부 교회는 매각되어 곡물창고나 저장소가 되었다. 혁명 지도부는 봉건제와 군주제의 상징을 합법적으로 파괴할 수 있다고 하면서도 라틴어가 새겨진 유물이나 평등의 정신에 위배되지 않는 모든 유물은 보호해야 한다고 밝혔다. 이미 혁명가들은 왕, 교회, 도망간 귀족에게서 압류한 물건들로 1793년 루브르궁에 세계 최초로 국립박물관을 설립한 터였다. 1795년에는 여러 종교시설에서 그러모은 조각상과 무덤을 발굴해 프랑스 기념물로 구성된 최초의 박물관을 열었다.

다시 말해, 반달리즘과 유물 보관은 함께 일어날 수 있다. 과거 기념물의 파괴는 혁명가들에게 문화유산에 대해 다시 생각하는 계기를 마련했다. 증오의 상징이라도 예술로 탈바꿈시킬 수 있으면 보존 가치가 있었다.

　기념물은 절대로 명쾌하게 해결될 수 있는 문제가 아니다. 그 누구도 박물관에 둘러싸여 살기를 원치 않기 때문에 과거의 유물을 모두 보존할 수는 없다. 하지만 유물의 일부는 시간을 관통하는 연결성과 연속성을 유지하기 위해 보존해야 한다. 문제는 무엇을 보존할지인데 이 질문은 불가피하게 정치적인 성격을 지닌다. 우리는 스스로를 어떻게 인식하며, 어떤 과거에 가장 긴밀하게 연결되어 있는가? 과거의 어떤 부분을 보존해야 하는가? 각 사례별로 결정할 문제다. 예를 들면, 역사 연구는 리 장군의 동상을 의뢰하고 제작한 사람들이 어떤 동기를 품었는지에 대해 중요한 증거를 제공한다. 물론 후대에서 결정이 번복될 수도 있다. 대다수의 기념물은 그 자리에 그대로 서 있겠지만 역사는 그렇지 않은 것이다.

역사 교과서 논쟁

/

　역사 교과서가 끊임없이 개정되지만 논란은 가열될 뿐이다. 2015년 도쿄의 주지사 선거에 출마한 한 후보자는 "일본은 패전국으로서 승리자들이 강요한 역사를 가르칠 뿐"이라며 "독립국가로 거듭나기 위해서는 강요된 역사에서 벗어나야만 한다"라고 주장했다. 그는 2차 세계대전에서 일본은 침략국이 아니며 1937년 중국 난징에서 악명 높은 학살을 저지르지도, 한국 여성들을 강제로 일본군 '위안부(성노예)'로 동원하지도 않았다고 말했다.[7] 새로울 것은 없는 주장이었다. 10년 전인 2005년 한국과 중국의 시위자들은 새 역사 교과서를 만드는 모임이 마련한 교과서 개정안이 2차 세계대전에서의 일본의 과오를 최소화했다면서 일장기를 불태우고 일본 제품의 보이콧을 요구했다.

자국을 우호적으로 묘사하기 위해 교과서를 왜곡하는 나라는 일본만이 아니다. 2011년 실시된 연구에서 일본 역사 교과서가 한국(1910~1945)에 세운 압제적 식민 정권에 관련된 설명을 상당 부분 생략한 것으로 드러났다. 연구팀은 한국과 중국의 교과서 역시 일본의 통치에 맞선 자국의 저항 노력에만 초점을 맞추고 2차 세계대전이라는 큰 맥락은 무시했다고 지적했다.[8] 이러한 비판은 그 역사가 길다. 1920년 캐나다 뉴브런즈윅의 《데일리 글리너Daily Gleaner》 앞으로 독자 편지가 도착했다. 지역 학교에서 사용하는 세계사 교과서의 집필진이 미국인 저자들인데 캐나다의 2차 세계대전 참전 사실조차 언급하지 않았다는 항의가 담겨 있었다.[9]

1800년대와 1900년대 전반, 그리고 오늘날에 이르기까지 많은 사례에서 보듯 국민으로서의 소속감을 심어주기 위해서는 긍정적인 내용 조작이 필요했다. 교과서에는 국가적 승리나 비극은 언급되어 있어도 정부나 국민이 저지른 실수와 잘못된 행동은 생략되어 있다. 두드러지는 예외가 있다면

1945년 이후 서독의 경우를 들 수 있다. 서독에서는 어린 학생들에게도 나치 정권이 저지른 범죄에 대해 가르치고 전국의 강제수용소와 여러 추모비, 박물관을 돌아보며 끊임없이 역사를 되새긴다. 하지만 일반적으로는 역사에 대해 최근 프랑스처럼 대처한다. 2005년 프랑스에서는 학교가 프랑스 식민 정부의 '긍정적 역할'을 가르쳐야 한다는 내용의 법이 통과됐다. (나중에 폐지됐다.) 1998년 이후 사용된 프랑스 교과서를 연구한 결과 실제로 교과서에서 아프리카의 프랑스 식민 정부가 저지른 폭력과 인종주의를 경시한 것으로 나타났다.[10]

프랑스의 교과서 비평은, 그리고 프랑스 식민 역사에 대한 비판적 시각을 법적으로 단속한 사례는 전통적인 자기도취적 서술에 의문이 제기되고 있지만 모두가 그러한 의문 제기를 달가워하지는 않음을 분명히 보여준다. 오늘날 영국의 역사학자들은 과거 교과서가 역사를 잉글랜드 위주로 다루면서 웨일스인, 스코틀랜드인, 아일랜드인을 소외시킨 방법에 주목하고 있다. 영국의 보편적 역사 서술에서는 제국을 영국의 정체성의 일부로 굳히기 위해 '우리 제국'이라는 표현을 일삼는다. 제국을 비판하는 사람들이 제국이 휘두른 폭력과 부당성을 여러 차례 지적했지만 불과 수십 년 전까지도 영국의 역사학자들은 제국 정부의 입헌 및 개혁 시도에 주목했다. 그나마 최근 들어 역사학자들이 제국의 어두운 면모를 조명하는 시도에 나섰지만 여론에 영향을 미치는 시작 단계에 불과하다. 2014년 YouGov가 실시한 설문조사에서 제국을 자랑스러운 역사로 여기는 응답자 수는 부끄러운 역사라고 생각하는 응답자의 세 배에 달했다. 영국의 식민지들이 식민 통치의 결과 개선됐다고 대답한 사람들은 악화됐다고 응답한 사람들의 세 배가 넘었다.[11] 역사학자들이 사료를 깊이 파고들어 새로운 관점을 이끌어내지 않는 한 여론은 절대 변하지 않을 것이다.

큰 충격을 일으킨 사건이 그 나라의 역사 서술에 변화를 일으키는 경우가 종종 일어난다. 2차 세계대전 이후 독일과 일본, 탈식민화 이후 프랑스와 영국이 그러한 예다. 하지만 프랑스와 영국에서 보듯 온전한 평가가 진행되는 데 수십 년이 걸릴 수 있다. 미국의 남북전쟁과 노예제도에서도 이를 확인할 수 있다. 남북전쟁이 발발하기 이전 미국의 역사 교과서는 노예제를 옹호하지는 않았지만 노예제의 반대세력과 찬성세력이 한 국가 안에 공존할 수 있다고 기술했다. 참혹한 전쟁이 막을 내린 후 수십 년 동안 교과서 저자들은 양극단의 세력이 벌이는 갈등을 비난하면서 화해할 것을 주장할 뿐이었다. 미국 역사 교과서에서 노예제에 대한 진지한 논의는 남북 갈등이 벌어진 한 세기 후인 1960년대까지도 거의 찾아볼 수 없었다.

1960년대의 공민권 운동이 일어나면서 노예제 역사가 주목받았지만 기틀은 2차 세계대전 이후 대대적 변화를 겪은 대학교육이 마련했다. 18~24세 미국인 가운데 칼리지나 대학에 등록한 사람의 비율은 1947년 14퍼센트에서 1970년대에는 36퍼센트, 1991년에는 54퍼센트로 상승했다. 이전까지 고등교육에서 배제됐던 사회집단에게도 교육의 기회가 열렸다. 하층계급, 여성, 유대인, 아프리카계 미국인, 기타 소수민족의 자녀들도 교육받을 수 있었다. 여학생들의 고등교육 기관 입학 비율은 1947년 29퍼센트에서 1979년 51퍼센트, 2014년에는 57퍼센트로 뛰었다.

엘리트 백인남성인 정치지도자들 위주의 전통적 역사 서

"

영국의 식민지들이 식민통치의 결과 개선됐다고
대답한 사람들은 악화됐다고 응답한 사람들의 세
배가 넘었다. 역사학자들이 사료를 깊이 파고들
어 새로운 관점을 이끌어내지 않는 한 여론은 절
대 변하지 않을 것이다.

"

술에 도전이 제기된 것을 이러한 교육상의 변화 때문으로만 볼 수는 없을 것이다. 하지만 여성, 비백인, 비청교도가 대학에 입학하고 궁극적으로는 미국 대학의 교수 자리에 오르면서 변화를 예견할 수는 있었다. 1960년대 이후에는 교과서에서 점차 근로자, 여성, 아프리카계 미국인, 이민자들의 역사를 다루기 시작했다. 이 과정에서 초점도 조지 워싱턴, 에이브러햄 링컨, 시어도어 루스벨트 등 영웅적 인물의 활약에서 과거에는 간과됐던 노예, 근로자, 여성, 소수인종이 건국에 기여한 바로 옮겨갔다. 예를 들어, 역사학자들은 1840년대에 발전된 이른바 '명백한 사명manifest destiny', 즉 서쪽을 향해 태평양까지 영토를 확장한다는 독트린이 백인 청교도 미국인을 멕시코인, 아메리카 원주민, 유대인, 가톨릭교도보다 우월한 집단으로 정당화했다고 밝혔다.

역사의 강조점과 해석에 변화가 일어나자 분노하는 사람들도 있었다. 비판을 비판하는 사람들은 역사학자들이 정치적 올바름에 집착한 나머지 국가에 대한 긍정적 소속감을 형성하는 임무에 실패했다고 비난했다. 미국의 분노는 1990년대 중반 벌어진 두 사건에서 정점에 달했으며, 비평가들은 그 두 사건이 서로 연결되어 있다고 여겼다. 1994년 스미스소니언의 국립항공우주박물관National Air and Space Museum은 히로시마에 원자탄을 투하했던 항공기의 전시를 제안했다. 또한 원자탄 투하가 도덕적으로, 정치적으로 정당화되는지를 둘러싼 토론도 전시에 포함시키려 했다. 같은 해 연방기금의 지원을 받은 국립역사교육센터National Center for the Study of History는 1960년대 이후 조명받은 근로자, 여성, 노예, 이주자의 새로운 역사를 반영한 국가적 역사 기준을 마련하자고 제안했다.

그러자 분노에 찬 반응이 일어났다. 상원의 다수당 지도자로 후일 대통령 후보로 선출된 로버트 돌Robert Dole은 "교육자들과 교수들이 미국을 폄하하는 충격적인 캠페인"에 참여하고 있다고 비난했다. 칼럼니스트 조지 윌George Will은 "캠퍼스에서 기이한 반미주의"가 일어난다고 비난했고, 하원 의장인 뉴트 깅리치Newt Gingrich 공화당 의원은 미국인 대다수가 "나라를 수치스럽게 여겨야 한다는 문화 엘리트들의 발언에 진력이 난 상태"라고 거들었다.[12] 결국 스미스소니언은 논쟁의 소지가 있는 자료를 대부분 제거했고 국가적 역사 기준도 철회됐다. 하지만 역사학자들은 오랫동안 인정받았던 서사를 수정하는 작업을 이어갔다. 사소한 충돌에서는 정치인들이 이겼지만 역사학자들은 문화전쟁에서 승리를 거둔 셈이다. 오늘날에는 어떤 미국역사 교과서도 노예제나 여성, 소수 인종에 대한 차별의 역사를 무시한 채 발행될 수 없다.

고등교육을 받은 사람들이 역사 토론에 열린 태도를 보이는 경향이 있지만, 교과서 논쟁은 고등교육 기관의 입학 수치와 일대일로 연결 지을 수 없는 문제다. 러시아의 경우 대학 입학 비율이 이미 1970년대에도 높은 축에 속했다. (소련이 발표한 자료에 따르면 1971년 영국이나 프랑스의 세 배에 달했고 미국과 비슷했다.) 그럼에도 교과서는 1989년 이후 급변한 시대적 조류를 따라잡지 못했다. 구소련 붕괴 이후 역사학자들은 많은 자율성을 얻었지만 권력을 장악한 블라디미르 푸틴이 역사 기술에 직접적으로 영향력을 미치려고 시도했다. 영감을 주는 애국적 서사를 강화하려는 푸틴의 열망은 대다수 러시아인들에게 긍정적 반응을 얻었다.

그렇더라도 서유럽, 특히 영국과 프랑스에서는 국가의 표준적 역사 기술에 대한 불만이 대학 입학 수치와 궤를 같이했다. 양국 모두 1990년대 들어 고등교육 기관 입학률이

50퍼센트를 넘었는데 국가적 서술에 대한 비판이 달아오르고 양성평등에 도달한 것도 이 시기다. (여성의 대학 입학이 남성과 비슷한 수준에 이르렀다.) 지금은 세계의 대부분 국가에서 여성의 고등교육 기관 입학이 남성을 앞서고 있다. 여성의 입학이 남성의 절반에 불과했던 1970년대와 비교하면 엄청난 변화다. 많은 여성이 대학에 입학한다고 해서 꼭 비판 활동이 증가하는 것은 아니지만, 이는 고등교육 체계에 근본적인 변화가 일어났음을 뜻한다. 하지만 안타깝게도 서구 세계에서 대학에 대한 거부감이 높아지는 현상과도 무관치 않을 것이다. 일반적으로 여성 교수들은 보수가 남성보다 낮으며 자존감 역시 낮은 실정이다.

기억 전쟁

/

교과서 집필은 국가의 기억을 형성하는 작업에서 비교적 후반부에 진행된다. 우선 과거에 일어난 사건의 물질적 흔적을 수집하고 정리하는 작업이 일어나야 한다. 최근에는 차라리 망각이 바람직하게 보이는 상황에서, 특히 긍정적인 국가 서사를 거스르는 사건을 망각하려는 시도에서 과거를 회복시키려는 노력이 얼마나 어려운 일인지를 일깨우는 몇 가지 충격적인 사건이 일어났다. 역사학자들은 독립선언서의 주역인 토머스 제퍼슨Thomas Jefferson이 여자 노예인 샐리 헤밍스Sally Hemmings 사이에 사생아를 낳았는지를 놓고 150년 이상 의견 충돌을 빚었다. DNA 검사 기술이 발전하기 전까지는 확실한 답을 얻기가 불가능했지만 1998년 테스트 결과 제퍼슨의 혼외 출산 사실은 부인하기 어려워졌다. 제퍼슨에 대한 견해에서도 중요한 변화가 불가피했다. 1980년대, 1990년대까지도 많은 전시와 박물관에서는 노예의 역할을 애매하게 기술하거나 제퍼슨의 온화하고 아버지다운 면모를 묘사했다.[13] 하지만 2012년 스미스소니언 국립미국사박물관National Museum of American History은 주요 국립 전시에서는 처음으로 대통령의 노예 소유 사실을 강조했다.

끔찍한 내전뿐만 아니라 수십 년의 정치적 압제를 겪은 스페인 같은 나라에서 역사적 기억을 회복하는 일은 더욱 고통스러웠다. 1975년 군부 독재자 프란시스코 프랑코Francisco Franco가 사망하기 전에는 1936~1939년 내전 중 희생자에 대한 진지한 조사가 불가능했다. '빨갱이'라 비난받으며 재판도 없이 사살되어 표시 없는 무덤에 묻힌 공화제 지지자들의 유해를 발굴하는 일은 상상조차 할 수 없었다. 1980년대에 이르러서야 역사 재구성을 위한 실증적 작업이 시작됐다. 하지만 유해를 발굴하고 신원을 확인하며 시신을 다시 장사지내기 위한 '역사적 기억 회복을 위한 협회Association for the Recovery of Historical Memory'는 2000년에야 구성됐다. 최근 들어서는 옥사했거나 국가기관으로 끌려가거나 친정권 성향의 가정에 불법 입양되도록 이름이 개명된 '실종아동'도 조명받았다.

인도네시아에서는 희생자 추모 작업의 진행이 더 어려웠다. 1965년 쿠데타가 무위로 돌아간 이후 무려 50만 명에 달하는 공산주의자들이 살상되는 사건이 일어났다. 정권을 잡은 수하르토Suharto 장군은 1998년까지 대통령직에 머물렀으며 그의 통치 기간 중 학살사건은 공개적으로 논의될 수 없었다. 교과서는 장성 여섯 사람이 사살된 쿠데타를 공산주의자들의 모의로 규정했으며 군부와 반공의 광란 상태에 빠진 민병대가 자행한 고문, 참수, 사지절단에 대해서는 거의 언급하지 않았다.

하지만 1998년 수하르토가 실각하자 포문이 열렸다. 투옥된 활동가들의 기억과 더불어 과거에 번역되지 않았던 영어 저작물에 대중의 관심이 쏠렸다. 구술 역사가들은 사건에 관련된 기억을 수집하기 시작했다. 하지만 화해가 곧바로 이어지지는 않았다. 2000년에 희생자 시신을 발굴하는 집단이 자바에서 촬영을 할 때는 무슬림 청년단체가 작업을 저지했

"

진상규명위원회는 국가가 앞으로 나아가기 위해
서는 과거에 자행된 살상, 투옥, 고문, 차별에 대
한 온전한 진실을 밝혀야 한다는 가정 아래 설립
된 일종의 역사 청문회 기관이다.

"

다. 수니파의 전통주의자 조직인 나흐타둘 우라마Nahdlatul Ulama 는 2007년 예정된 교과서 개혁을 허용하는 대신 친공산주의로 간주되는 교과서를 불태웠다.[14] 2013년 수하르토의 고향에서는 그의 통치를 기리는 기념관이 문을 열었다. 부패 혐의에서 유죄 판결을 받은 수하르토의 형제가 기념관 건립 비용을 지불했는데 전시품은 무고한 국민들의 죽음에 대해서는 언급하지 않은 채 정부의 탄압을 정당화할 뿐이었다.

　이밖에도 기억을 둘러싼 갈등과 관련하여 수많은 사건을 들 수 있다. 1980년대 초부터 전 세계에 설립된 30건 이상의 진상규명위원회가 대표적 사례다. 과테말라에서 태국에 이르기까지 많은 사회에서 내전이나 독재정권 하에서 자행된 과거의 악행을 제대로 이해하기 위해 공적인 기구를 설치해야 한다는 목소리가 높아졌다. 진상규명위원회는 국가가 앞으로 나아가기 위해서는 과거에 자행된 살상, 투옥, 고문, 차별에 대한 온전한 진실을 밝혀야 한다는 가정 아래 설립된 일종의 역사 청문회 기관이다. 대다수의 진상규명위원회는 남아프리카공화국의 진실화해위원회South African Truth and Reconciliatio Commission, TRC 모델을 지향한다. 진실화해위원회는 아파르트헤이트 정권에서 민주정권으로의 이행을 돕기 위해 1995년 말 법적 근거에 따라 설립된 위원회다. 전 세계적으로 큰 영향력을 미친 덕분에 진실화해위원회 자체가 분석과 토론 주제로 자리 잡았다.

진실화해위원회는 광범한 권한을 행사했다. 1960~1994년 인권 침해의 성격, 정도, 원인을 보고하고 희생자들에게 발언 기회를 제공하여 품위를 회복시키는 한편 가해자가 관련 사실을 누설할 경우 사면을 제공하는 권한까지 보유했다. 통합과 화해를 이뤄내는 것은 실로 거대한 작업이었다. 인구의 13퍼센트에 불과한 백인 소수집단은 아파르트헤이트 정권 하에서 토지, 천연자원, 의료 혜택, 교육, 양질의 일자리를 독차지했다. 당국은 백인 우월주의 정권을 유지하기 위해 무려 20만 명을 투옥시키고 일부는 고문했으며 '원주민 보호지native reserve'로 강제로 이주시키고 온갖 종류의 분리주의 장치를 유지했다. 정권에 대한 저항이 거세지면서 사회 모든 분야에서 폭력이 난무했다. 이 상황에서 흑인사회 내부의 여러 정치 분파도 서로 갈등을 벌였다. 정권은 시위자들을 무력으로 진압했으며 반대하는 지도자들은 제거하는 한편 일부 무력저항에는 폭탄을 설치하거나 부역자, 정부인사나 또 다른 저항단체의 일원을 살해하여 대응했다.

100회에 가까운 청문회가 열리고 2만 1,000명 이상의 개인이 증언하는 동안 진실화해위원회는 위원회가 발견한 정보가 완벽하지 않음을 인정했다. 아파르트헤이트를 지지한 백인 정당은 대부분 협조를 거부했으며 아프리카민족회의African National Congress에 맞서는 주요 흑인 야당인 잉카타자유당Inkatha Freedom Party 역시 마찬가지였다. 아프리카민족회의는 1994년 최초로 모든 인종이 참여한 총선에서 압도적 지지를 받아 다수당에 올랐으며 주요 백인 정당인 국민당National Party, 잉카타자유당을 아우르는 통합 정부를 수립했다. 그렇긴 해도 진실화해위원회는 아프리카민족회의와 긴밀한 관계를 유지했으며 위원회 활동에 적극 참여를 약속한 세력은 아프리카민족회의 당원들뿐이었다. 당연히 다수의 백인과 잉카타자유당원들은 위원회의 조사 결과가 편향됐다고 주장했다. 학자들도 진실화해위원회가 지나치게 스토리텔링에 집중한 반면 객관적이거나 법의학적 진실의 수집에는 미흡했고 연구 결과가 최소한 단기적으로는 화해라는 목표를 달성하지

못했다고 비판했다.[15]

　그러나 지엽적인 비판 때문에 진실을 놓쳐서는 안 된다. 역사의 회복은 사실상 모든 정권의 이양에서 중요한 작업이 되었다. 역사를 정확하게 전달하려는 열망은 내전에서 평화로, 아파르트헤이트에서 흑인 다수당의 지배로, 혹은 군사독재에서 선출된 정부로 나아가는 상황에만 국한되지 않는다. 일본, 미국이나 영국처럼 비교적 안정된 나라에서도 잊히고 삭제되거나 억눌린 요소로 말미암아 역사에 의구심이 제기되며 의문이 수면 위로 떠오르고 있다. 역사는 언제나 폭발 직전이다.

공적 역사와 집단기억

/

정부가 안정된 나라에서도 역사에 대한 대중의 관심이 그 어느 때보다 커졌다. 회고록과 전기가 베스트셀러 목록에 빈번하게 오르내리며 역사적 사건을 배경으로 한 영화, TV 시리즈, 비디오 게임이 흥행에 대성공하는 경우도 흔하다. 이러한 현상은 영국과 미국뿐 아니라 중국과 다른 여러 나라에서 일어나고 있다.

미국에서 운영되는 박물관 3만 5,000곳 가운데 절반 이상이 역사박물관, 문화유산이나 역사학회와 관련되어 있다. 1882년 처음 집계된 잉글랜드 국립문화유산 목록National Heritage List for England에는 현재 기념물, 건축물, 지형, 전장, 보호된 난

파선 등이 40만 건 가까이 등록되어 있다. 문화유산을 찾은 방문객 수는 1989년에서 2015년 사이 40퍼센트 가까이 늘었다. 다시 말해, 역사에 대한 대중의 관심은 늘어나는 정도가 아니라 치솟는 추세다.

사적지를 찾는 방문객들은 표지를 읽고 전시물을 관람하며 안내를 듣거나 야외극을 관람하는 수준에 그치지 않는다. 때로는 역사 재연과 여러 형태의 시각적 경험을 통해 과거를 보다 직접적으로 경험한다.

버지니아에 있는 콜로니얼 윌리엄스버그Colonial Williamsburg의 경우 1760년대와 1770년대의 생활을 재구성할 목적으로 설립되었는데 살아 움직이는 박물관이라 할 만하다. 관광객들은 18세기 양식의 가옥이 배치된 거리를 거닐고 그 시대 사람들, 여성과 남성, 노예와 자유인이 수행했던 활동을 하며 그 시대 복장을 한 사람들을 만날 수 있다. 전투복을 입고 실제 전투에 임하면서 역사 속 전쟁을 재연하는 활동은 참가자들의 큰 관심을 얻고 있다.

역사의 재연은 TV 프로그램과 역사 교육에도 영향을 미친다. 영국, 미국, 호주, 독일에서 역사를 주제로 한 TV 리얼

리티 프로그램 출연자들은 과거와 동일한 양식의 주택에서 수개월 살면서 벌어지는 사건과 갈등을 녹화하여 시청자들에게 보여준다. 역사 교사들은 학생들의 흥미를 불러일으키기 위해 강의에서 시대 의상을 입는다거나 학생들이 역사적 인물의 역할을 맡도록 하는 등의 재연 활동을 오랫동안 활용했다. 디지털 모델링이 발전하면서 고대 로마, 중세 베르겐(노르웨이의 항구도시), 18세기 파리 인근 지역을 3D로 체험할 수도 있다. 심지어 파리의 경우 과거의 사운드와 일인칭 시점이 가미되어 5D 체험도 가능하다.[16]

이러한 기술 발전은 역사박물관의 형태와 사적지의 설명 방식을 바꾸고 있다. 디지털 모델링을 아직 도입하지 않은 지역에서도 관람객에게 경험의 진실성과 즉각성을 보장하는 방식으로 유물이 전시된다. 미국 홀로코스트 메모리얼 박물관United States Holocaust Memorial Museum을 찾은 많은 방문객은 강제수용소의 홀로코스트 희생자들에게서 몰수한 신발 4,000켤레가 쌓여 있는 모습과 냄새를 통해 뭉클한 감정을 느꼈다고 전했다.

역사의식이 강한 관광객들은 1차 세계대전 당시의 참호

"

이러한 기술 발전은 역사박물관의 형태와 사적지의 설명 방식을 바꾸고 있다. 디지털 모델링을 아직 도입하지 않은 지역에서도 관람객에게 경험의 진실성과 즉각성을 보장하는 방식으로 유물이 전시된다.

"

가 보존된 유적을 방문하거나 노르망디의 유타해변 상륙 박물관Utah Beach Landing Museum에 보관된 총기, 상륙함, 실제로 상륙 작전에 사용된 작전지도를 살펴본다. 박물관에는 상륙 해안에 있던 독일군의 벙커까지 보관되어 있다. 때로는 매우 오래된 유물도 전시된다.

영국의 조빅 바이킹 센터Jorvik Viking Center는 바이킹 문화 박물관으로 지하에는 관람객을 1,000년 전 바이킹 시대로 데려가는 타임캡슐이 마련되어 있다. 애니메트로닉스(애니메이션과 일렉트로닉스의 합성어로 기계 뼈대나 전자회로로 제작한 실물과 유사한 캐릭터를 조정해 움직이는 문화 기술-역자 주)로 구현된 바이킹 시대는 고고학 탐사를 통해 유적지에서 출토된 목재, 섬유, 기타 유물 수천 점에 생기를 불어넣는다.

반면 역사학자들은 역사 재연과 시각적인 역사 체험에 비판적이거나 이를 무시하는 태도를 보여왔다. 이러한 활동은 체험자가 맥락과 원인을 심도 깊게 이해하도록 돕기보다는 과거에 살았던 사람에게 감정을 이입하는 행위에 치중한다는 이유에서다.

다시 말해, 관광객은 1차 세계대전 참호를 둘러보면서 애

초에 전쟁이 발발한 이유나 수많은 청년들이 희생된 원인을 묻기보다는 그 자리에서 싸운 청년들에게 연대감을 느끼는 수준에 그친다. 게다가 대부분의 시각적 경험은 관객 유치를 위해 미적 요소를 활용한다. 콜로니얼 윌리엄스버그의 노예들은 별로 고통스러워 보이지 않으며, 바이킹족은 평화로운 한때를 보내는 듯하다. 세계대전 중 사용된 참호 주변은 공원과도 같은 환경이다.

하지만 가상현실virtual reality 등 멀티미디어 기기와 기술이 친숙하게 활용되면서 이를 계속 무시하기란 불가능해졌다. 이에 역사학자들도 집단기억 프로젝트에 점차 관여하는 추세다. '공적 역사public history' 분야에서는 박물관 작업이든 공공 또는 민간 기록보관소의 작업이든 많은 역사학자들을 참여시켰으나, 불과 최근까지만 해도 학자들은 학계에서 자리를 맡는 것보다 중요성이 떨어지는 일로 간주했다. 그러한 업무에 참여하는 역사학자들이 공적 역사를 위해 마련된 교육을 받는 경우도 드물었다. 하지만 공적 역사의 중요성이 높아진 데다 학계의 일자리가 상당 부분 시간제 고용으로 전환되면서 상황은 빠르게 변했다.

공적 역사를 연구하는 학자들은 자체적으로 조직을 구성했으며 기존의 협회에서도 인정을 얻었다. 미국에서는 1979년에 국립공적역사협의회National Council on Public History가 설립되었으며 2003년 현재 미국역사학회American Historical Association 회원의 약 5분의 1이 공적 역사와 관련을 맺고 있다. 미국에서는 24곳 이상의 대학에서 공적 역사 분야에 박사학위나 박사 수준의 자격을 부여한다. 영국에서는 대학 9곳에서 공적 역사의 석사학위나 공적 역사를 포함한 역사학 석사를 수여한다. 관련 프로그램이 2009년 처음 등장한 이래 이 분야는 놀라운 성장을 거듭했다. 2009년에는 전 세계의 공적 역사학자들의 연대를 위해 국제공적역사연맹International Federation for Public History이 설립되었다. 공적 역사는 호주, 캐나다, 뉴질랜드, 브라질, 네덜란드에서 점차 인정받고 있으며 다른 여러 나라에서도 프로그램이 신설되고 있다.

집단기억은 책, 박물관부터 TV 프로그램, 인터넷 소문에 이르는 다양한 방법으로 형성된다. 트라우마와 같은 사건이든 국가적 자랑거리든 집단기억은 과거에 대한 진실한 서술에 근거할 때 유용하면서도 오래 지속될 수 있다. 대중은 최대한 정확한 역사적 사건과 발전 상황을 흥미로운 방식으로 접해야 한다. 문제는 정확성과 기교가 얼마나 균형을 이루느냐다. 이 대목에서 우리는 역사적 진실과 그 역사적 진실을 밝혀낼 최선의 방법에 대한 질문을 품게 된다.

HISTORY

역사적 진실을 찾아서

역사적 진실을 규정하는 일은 매우 중요하다. 진실을 규정하는 작업 없이는 정치인이나 홀로코스트를 부인하는 자들의 거짓말에 제대로 대응할 수 없다. 기념물과 역사 교과서 논쟁은 절대 해결될 수 없을 것이고 기억 전쟁은 끝없이 되풀이된다. 대중은 자신들이 접하는 역사를 신뢰할 수 없을 것이다. 역사적 진실은 두 단계로 구성된다. 첫 번째 단계에는 사실fact 문제가 있고, 두 번째 단계에서는 해석이 일어난다. 토론을 위해 양자를 분리할 수는 있지만 실제로는 두 단계가 서로 맞물려 있다. 사실은 중요성을 부여하는 해석이 가미되기 전까지는 무력하다. 마찬가지로, 해석이 지니는 힘은 사실을 이해하는 능력에 달려 있다.

사실은 언뜻 보기에는 단순해 보인다. 오바마가 미국에서 태어났는지 여부, 유대인 600만 명이 고의적 계획에 따라 학살되었는지 여부, 홀로코스트의 희생자 수가 과장됐거나 살상이 고의적이었는지 여부 등이 그러한 예다. 반면 해석은 확정될 수 없는 영역이다. 사람들은 유대인 600만 명이 끔찍한 대학살로 목숨을 잃었다는 사실에는 동의하면서도 사건이 일어난 방법, 이유나 일련의 맥락에 대해서는 의견을 달리할 수 있다. 게다가 사실조차 겉보기보다 간단치 않다. 과거란 절대적으로 확신할 수 없는 대상이기 때문이다. 새로운 문서, 새로운 유물, 새로운 데이터가 끊임없이 발견되며 기정사실이 뒤집힐 수도 있다. 예를 들어, DNA 테스트가 발명되면서 제퍼슨이 노예 사생아의 아버지라는 정보에 변화가 일어났다. 그렇더라도 이러한 잠재적 가능성이 트럼프 정부가 공공연하게 주장하는 악명 높은 '대안적 사실alternative facts'이 실재함을 뜻하지는 않는다. 대안적 사실은 순전히 거짓이며 사실에 대한 대중의 의견을 호도하기 위한 고의적인 시도였다. 역사적 진실에 이르기 위해서는 사실에서 출발해야 하며 어떻게 이를 규정할지 살펴야 한다.

역사는 사실일까?

/

다음 진술은 사실이다. 버락 오바마는 1961년 8월 4일 하와이 호놀룰루에서 태어났다. 이 진술이 사실임은 문서로 입증할 수 있으며 이 경우에는 하와이 주에서 발급된 출생증명서가 해당된다. 출생증명서는 출생을 등록할 권한을 지닌 주 당국에서 발행되었고 그 문서가 가짜라는 증거를 제시한 사람도 없기 때문에 유효하다. 그럼에도 오바마의 출생을 둘러싼 억지 논쟁에서 몇 가지 중요한 지적이 제기되었다. 역사적 사실은 문서에 의존한다. 체계적으로 수집된 문서는 신뢰할 만하다. 다만 사실은 필연적으로 잠정적인 성격을 지닌다. 오늘날 사실로 간주되는 사항이라도 언젠가 의혹을 제시할 수 있는 증거가 발견될 가능성이 상존하기 때문이다.

이처럼 역사적 사실이 본질적으로 잠정적 성격을 지닌다는 틈을 비집고 음모론이 싹튼다. 오바마의 경우를 예로 들면, 내용이 없는 옛 양식을 활용하여 구형 타자기로 출생증명서를 위조하거나 디지털 기술로 조작했을 가능성이 있다. 하지만 그러한 결론을 지지할 어떠한 증거도 발견된 적이 없다. 동일한 논리를 적용하면 도널드 트럼프나 독자인 당신 또는 저자인 나의 출생증명서가 위조됐다고 의혹을 제기할 여지도 있다. 오바마는 운 좋게도 보건부와 공식 호적 담당자가 존재하는 주에서 태어났다. 전쟁에 찌든 나라에서 피난한 난민들은 출생증명서는커녕 옷가지도 없이 집을 떠나는 경우가 많다. 설령 제 기능을 하는 정부가 존재했더라도 전쟁 중에 기능이 파괴되는 경우도 많다. 문서의 존재 혹은 부재는 역사의 산물이다.

역사적 사실은 오직 그 사실을 입증하는 문서에 의존하는데, 역사적으로 영향력이 막대한 문서가 허위로 드러나는 경우도 있다. 가장 악명 높은 사례가 337년 사망한 로마 황제의 칙령으로 알려진 '콘스탄티누스의 증여'다. 이 증여는 가톨릭교회 교황에게 기독교 왕국 서쪽에 대한 영적, 세속적 권위를 부여했다. 교황은 정치적 권한을 놓고 왕이나 황제와 종종 갈등을 벌여왔기 때문에 증여로써 막대한 이익을 얻은 셈이었다. 하지만 콘스탄티누스의 증여가 언급되기 시작한 시기가 800년대 이후라 그 진위성에 의문이 제기될 수밖에 없었다. 결국 1440년 이탈리아의 학자인 로렌초 발라Lorenzo Valla가 진실을 밝혀냈다. 지금도 학자들은 위조의 기원을 놓고 논쟁을 벌이고 있지만 위조는 700년대 후반에서 800년대 초에 일어났을 가능성이 높다.

발라의 폭로는 역사적 사실을 탐색하는 데 정치가 어떤 영향을 미치는지 보여주는 사례다. 교황청에서 일자리를 얻지 못한 발라는 교황의 경쟁자 중 하나였던 아라곤과 시칠리아의 왕에게 의탁했다. 왕은 교황의 예속자에게서 나폴리의 통제권을 빼앗기를 원하고 있었다. 설사 발라에게 정치적 동기가 있었다고 하더라도 그가 밝힌 내용이 무효로 돌아가지는 않는다. 발라는 콘스탄티누스가 문서를 작성하지 않았음을 밝혀내는 과정에서 문헌학, 즉 언어를 역사적으로 연구하는 학문을 발전시켰다. 그는 '증여'에 기록된 라틴어는 콘스탄티누스의 라틴어가 아니라고 주장했다. 그는 문체가 콘스탄티누스의 시대에 통용되던 문체와 다르고 후대에 일어난 사건이 문서에서 언급되어 있다고 지적했다. 발라의 글은 한 세기 후 다시 정치적 문제로 주목받기 시작했다. 종교개혁의 지지세력은 교황의 부패에 대해 듣고자 하는 많은 독자들을 위해 발라의 글을 번역하고 인쇄했다. 마침 발라가 기록을 남길 즈음 인쇄술이 발명되었다. 여전히 일각에서는 1600년대까지도 '증여'가 반박할 여지가 없는 진실한 문서라고 믿었지만 이미 교황의 위세는 예전 같지 않았다. 위조된 사실은 여간해서는 사라지지 않는 법이다.

아무리 역사학자들이라고 해도 교묘한 위조에 면역력을 갖추고 있지는 않다. 1983년 일부 언론은 히틀러가 직접 작성한 일기가 발간된다는 뉴스를 보도했다. 일기는 2차 세계대전 종전 이후 동독의 한 공산주의자가 은밀하게 보관해온 것으로 알려졌다. 히틀러를 연구해온 저명한 역사학자 두 사람은 일기의 진위를 조사해달라는 의뢰를 받았으며 일기가 진본일 가능성이 있음을 언급했다. 하지만 출간일이 다가올수록 두 학자는 의문이 생겼다. 일기에 사용된 자필, 종이나

"

역사적 사실은 활용 가능한 최적의 증거에 의지
하며 이런 점에서는 과학적 사실도 마찬가지다.
아이작 뉴턴은 지구와 천체의 역학에 대한 인류
의 이해에 혁명을 일으켰다. 하지만 뉴턴은 당대
많은 사람과 마찬가지로 지구의 나이가 6,000년
에 불과하다고 믿었다.

"

잉크가 진짜라는 증거가 없었기 때문이다. 출간을 불과 며칠 앞두고 독일연방기록보관소German Federal Archives는 종이와 표지를 조사한 결과 전후에 제작된 것이라고 발표했다. 일기를 날조한 주인공은 서독에 거주하던 옛 동독인으로, 나치 수집품을 불법적으로 매매하던 사람이었다. 그는 서독의 기자가 잘 속아 넘어간다는 점을 이용해 수백만 독일 마르크를 챙겼다. 석방된 후에도 위작과 운전면허증을 파는 일을 이어간 것으로 전해졌다.

히틀러의 일기 사건에서 보듯, 역사학자들은 사실 확인을 위해 원래는 다른 목적으로 개발된 과학기술을 활용하곤 한다. 가령, DNA 분석이 정교해지면서 고대 묘지의 유물을 조사해 500년대 동유럽과 이탈리아 사이의 이주 유형을 확인하는 작업이 가능해졌다. 이에 따라 로마제국을 침입했던 '야만인'에 대한 많은 정보가 확보됐다. 원래는 환경이나 군사 목적으로 개발된 항공사진과 원격 레이저 감지 기술은 오늘날 영국 지형 아래에 숨어 있는 로마 시대 도로의 위치를 파악하는 연구에 활용된다. 나이테를 연구하는 연륜연대학은 바이킹 선박의 건조 시기 추정과 1600년대 기후 변화에 대한 연구를 촉진시켰다. 역사학자들과 과학자들로 구성된 연구팀은 방사성연대측정에 힘입어 신세계를 표현한 최초의 지도로 추정되는 '빈랜드 지도'가 콜럼버스의 신대륙 발견보다 6년 앞서 제작되었다는 사실을 밝혀냈다. 많은 경우 역사학자들은 과학자들과 공동작업을 통해 정보를 확보한다. 미래에 탄생할 기술은 오늘날 내린 결론의 일부나 전체에 도전을 제기할 가능성이 있다. 역사적 사실은 활용 가능한 최적의 증거에 의지하며 이런 점에서는 과학적 사실도 마찬가지다. 아이작 뉴턴Isaac Newton은 지구와 천체의 역학에 대한 인류의 이해에 혁명을 일으켰다. 하지만 뉴턴은 당대 많은 사람들과 마찬가지로 지구의 나이가 6,000년에 불과하다고 믿었다. 오늘날 과학자들은 운석의 방사성연대측정 기술을 활용하여 지구의 나이가 45억 년이라고 추정한다.

'활용 가능한 최적의 증거'가 간단하게 들리지만 실제로는 역사학자나 과학자가 무엇을 신뢰할 만한 출처로 간주하느냐에 좌우된다. 얼마 전만 해도 활용 가능한 최적의 증거란 정치나 종교 당국에서 제공하는 자료를 의미했다. 콘스탄티누스의 증여와 그 비평가들이 쓴 원고나 저서가 그 예다.

다시 말해, 사실이란 근본적으로 사실 확인의 책임을 맡고 있는 사람들에 의해 형성된다. 이 책임자는 무엇을 기록할 만한 가치가 있는지 결정한다. 예를 들어, 대중의 문맹률이 높았던 시기에 일반 대중이 어떤 종교적 신념을 가지고 있었는지에 대해서는 수도사나 치안대가 기록한 부실한 정보로 짐작할 수 있을 뿐이다. 수도사나 치안대는 글을 쓸 줄 알았고 그 기록이 종교적으로나 정치적 이익에 부합했기 때문에 글을 남겼다. 하지만 문서에는 작성자의 의견과 관심사가 반영되어 있다.

식민지 시대에는 이러한 경향이 더욱 두드러졌다. 공식 문서에는 관리자나 군인들이 이해한 내용이 기록되는데 많은 경우 이들은 현지 언어와 관습에 대한 지식이 거의 없었다. 이제 막 점령한 멕시코에서 가톨릭 관료들은 토착 나우아족(멕시코 원주민 가운데 최대의 인디오 집단-역주)의 신앙을 사탄의 영향이 나타난 현상으로 취급했고 원주민들의 관습을 범죄로 몰아 박해했다. 역사학자들은 나우아족의 신앙을 이해하기 위해 스페인어 출처에 반하여 원래 문서를 이해하고 그림문자 체계인 나우아틀어를 해독하기 위해 애썼다. 즉 학

자들은 과거에 검토되지 않았던 부분에서 사실을 발견해야
만 했다. 이때 활용 가능한 최적의 역사적 증거는 역사학자
가 출처를 찾는 방법과 근거에 달려 있다고 해도 과언이 아
니다. 이러한 활동이 중립적인 경우는 드물다.

역사가 종종 과학기술에 의존하기는 해도 과학은 아니다.
역사는 '진실한 이야기'를 들려준다는 중요한 근본적 목표를
추구하는 문학예술로서 과학기술을 활용한다. 여기에서 '진
실'은 기록에 존재한다. 역사학자는 정보를 샅샅이 살펴서
기록되어 있거나 그렇지 않은 자료를 분석하고 비교하며 모
든 가능한 법의학 과정을 동원하여 진실, 즉 사실에 도달하
는 탐정, 변호사나 탐사보도 기자의 역할을 한다.

'이야기'에는 또 다른 요소가 필요하다. 사실에 관련된 일
련의 해석에 의지하는 문학적 재구성이 필요한 작업이다. 해
석은 사실에 관련성을 더한다. 세계는 수많은 역사적 사실로
가득 차 있지만 우리가 한정된 시간에 관심을 기울이는 사실
은 전체에서 극히 일부분에 불과하다. 우리가 하고 싶은 이
야기를 전할 수 있도록 뒷받침하는 사실에만 관심을 기울인
다. 이야기의 서술은 사실에 대한 관심을 높이지만 반대로

논쟁을 일으키는 경우도 많다. 역사학자들은 동일한 사건을 놓고 서로 다른 사실을 강조하여 완전히 다른 이야기를 전할 수 있다. 이러한 불협화음은 특정한 해석의 진실성에 의구심을 불러일으킨다. 해석을 둘러싸고 의견 차이가 크다면 역사는 과거의 진실성을 어떻게 주장할 수 있을까? 그저 상대의 이야기와 나의 이야기가 대립할 뿐인가?

사실과 해석 사이

/

　역사상 가장 유명한 장군이자 지도자인 나폴레옹 보나파르트Napoleon Bonaparte의 사례를 들어보겠다. 모든 학자들은 코르시카 태생의 나폴레옹이 1799년 11월 프랑스에서 권력을 장악하고 즉시 제1통령에 취임했으며 이어 종신통령과 황제에 취임했다는 사실에 이견이 없다. 하지만 사실의 해석에서는 의견이 엇갈린다. 당시 정권이 어떤 특징을 지녔기에 군 장교가 권력을 차지할 수 있었는가? 권력을 차지할 당시 보나파르트의 목적은 무엇이었는가? 그는 군 독재를 실시했는가? 결과적으로 그가 권력을 빼앗긴 이유는 무엇인가? 그는 훌륭한 장군이었는가, 아닌가? 그는 프랑스의 초창기 공화국이 대내외 정책에서 그릇된 선택을 일삼은 덕분에 권력을 차지했는가, 아니면 앞서 수백 년 동안 축적된 군주제 경험이 프랑스가 강력한 독재 지도자를 용인하도록 만든 원인으로 작용했는가? 나폴레옹은 전략적으로 천재적 능력을 발휘하고 부하들을 카리스마 있게 지휘하여 전투에서 승리했는가, 아니면 운 좋게도 전투 상대가 허술하여 승리했는가? 질문에 대한 대답은 사실을 어떻게 바라보고 어떤 사실을 강조하기로 선택할지에 달려 있다.

해석의 거대한 변동성은 역사적 진실에 의구심을 일으킨다. 역사학자들은 언제나 자신의 개인사와 사회적 맥락으로 형성된 관점에서 기술하기 때문에 온전히 객관적인 서술을 한다고 주장할 수 없다. 예를 들어, 나는 나폴레옹에 대해 기록할 때 1960년대 미국에서 교육 받은 백인, 중산층, 여성 학자의 시각에서 기록할 수밖에 없다. 프랑스의 학자들과 비교해 개인적으로 연대감을 덜 느낄 수 있으나 의식하든 못 하든 (독자들과 마찬가지로) 주제에 대해 나만의 선입견을 적용한다. 나폴레옹의 전투 실력에 큰 의문이 들지는 않으나 다른 학자들에 비해 나폴레옹이 민주적 시도를 좌절시키고 여성과 아동을 남편과 아버지에게 예속시키려 한 시도에 주목할 가능성이 높다. 그렇더라도 방금 언급한 사항이 나폴레옹의 기록을 살필 때 유일하게 고려해야 할 문제라고 고집하지 않는 한 나폴레옹에 대한 나의 서술은 허위라고 할 수 없다. 특정 사안에 대해 어느 한쪽에 깊이 몰두한 사람들이 가장 진실한 역사를 기록하는 경우도 많다. 담백함이 곧 진실은 아닌 것이다.

위대한 역사학자들은 열정적으로 탐구정신을 발휘했다. 프랑스의 귀족이었던 알렉시 드 토크빌Alexis de Tocqueville은 프랑스 혁명에 관한 대표적 명저로 손꼽히는 『구체제와 프랑스 혁명The Old Regime and the French Revolution』을 남겼다. 토크빌은 나폴레옹의 '광기 넘치는' 조카 루이 나폴레옹 보나파르트Louis-Napoleon Bonaparte가 권력을 장악하자 공포를 느껴 저술에 나섰다. 어떻게 프랑스는 어렵게 찾은 자유를 민주적 폭정의 형태로 다시 포기할 수 있단 말인가? 보나파르트 일가의 무엇에 매력을 느꼈는가? 답을 찾기 위해 토크빌은 지역에 위치한 공식 기록보관소를 찾아가 1700년대 프랑스 군주제를 상세하게 연구했다. 그는 군주제가 귀족과 지방 영주의 정치권

모든 해석의 진실성은 일관성과 주요 사실에 대
한 설명을 제시하는 능력에 달려 있다. 일관성 있
는 서술은 논리적이며 밀접한 관련이 있는 증거
를 인용하고 그 증거에서 비합리적인 결론을 끌
어내지 않는다.

력을 파괴하여 원조 보나파르트가 등장할 길을 닦았다고 확신했다. 토크빌을 기록보관소로 인도한 것은 주제를 향한 그의 열정이었다. 또한 토크빌이 발휘한 문학적 기교는 그의 해석을 오래 사랑받는 고전으로 만들었다.

토크빌의 역사적 진실에 대한 주장은 역사학자들 사이에 널리 인정되는 핵심 기준에 근거한다. 이 기준에 따르면 모든 해석의 진실성은 일관성과 주요 사실에 대한 설명을 제시하는 능력에 달려 있다. 일관성 있는 서술은 논리적이며 밀접한 관련이 있는 증거를 인용하고 그 증거에서 비합리적인 결론을 끌어내지 않는다. 나폴레옹이 독재정권의 핵심적 특징으로 여성과 아동에 온정주의적인 관계 설정을 고려했다는 주장을 펼치려면 나폴레옹 법전, 그의 저작물, 개인적 삶을 통해 주장을 뒷받침할 증거를 찾아야 한다. 나폴레옹이 아내를 사랑했다는 사실에서 그가 온정주의적임을 알 수 있다고 주장할 수는 없다. 그러한 결론은 논리적이지 않기 때문이다. 그는 아내를 사랑하되 여러 정치 체제를 선호했을 가능성이 있다.

하지만 일관성만으로는 부족하다. 최대한 완전한 설명이

되려면 나폴레옹의 온정주의적 태도에 대한 강조는 적용 가능한 다양한 사실을 최대한 뒷받침해야 한다. 전장에서 그가 발휘한 전술을 설명할 필요는 없더라도 여성과 아동에 관련된 법전의 조항, 공식적 선언에 나타난 바와 배치되는 개인적 태도를 설명할 수 있어야 한다. 나폴레옹 법전에 따르면 아내는 재산을 가질 수 없고 채무, 업무와 관련된 계약을 체결할 수 없으며 남편의 동의 없이 유언장을 작성할 수 없다. 이러한 점은 내 주장을 뒷받침하는 강력한 근거다. 일부 비평가는 나폴레옹이 직접 법전을 작성하지 않았다고 반박할 수 있겠지만 그가 단독으로 행동하지 않았더라도 가족법을 개정하는 많은 작업을 직접 감독했다. 해석은 그에 어울리는 사실에만 기댈 수 없으며 합리적으로 제기될 수 있는 반론으로 시험을 거쳐야만 한다.

사실과 해석 사이의 밀접한 연관성이 필연적으로 역사적 진실에 의구심을 일으키지만 한편으로는 그러한 의심을 해소하도록 더 많은 연구를 수행하는 동기를 부여한다. 앞서 들었던 예처럼 가상의 비판자가 나폴레옹이 직접 법전을 작성하지 않았다고 주장하는 경우, 더 치밀한 분석을 통해 나폴레옹이 편찬에 관여하고 협력자들이 나폴레옹의 견해를 이해하고 있었다는 증거를 찾아야 한다. 이 경우 해석을 둘러싼 논쟁은 더 많은 사실을 생산하는 역할을 한다. 그렇더라도 이전의 해석, 사실, 논쟁은 사라지지 않으며 미래의 작업을 위한 토대를 제공한다.

역사적 진실과 유럽 중심주의

／

진실의 기준(참된 사실, 일관성, 완전성)은 상당히 견고하게 보이지만 그 기저에 문제의 폭탄이 도사리고 있다. 역사 기술이 진실과 일정 수준의 객관성을 추구해야 한다는 주장에는 특히 지난 200년 동안 서양에서 발전된 역사 기술의 시각이 반영되어 있다. 역사는 언제나 지식의 형태로 존재했지만, 대학에서 역사교육은 19세기에 이르러서야 체계화되었으며 독일, 프랑스, 영국에서 기초가 마련되었다. 1800년대 이전에 사람들은 당면한 딜레마에서 교훈을 얻기 위해 역사를 집필하고, 읽고, 연구했다. 그들은 진실에 이르는 기술을 발전시켰지만 대학은 전문적인 역사학자를 훈련시키지 않았다. 로

렌초 발라의 경우 수사학을 가르치던 교수였는데 수사학은 학생들이 공증인과 궁정 관료가 되도록 준비시키는 분야였다. 그는 문헌을 언어학적으로 비교하여 역사 연구에서 긴요하게 사용되는 방법을 개발했다. 하지만 그 목적이 역사 기술 분야의 학자들을 교육시키는 것은 아니었다.

대학에서 역사학자들의 교육은 역사적 사실을 규정하는 방법을 전달하고 개선하기 위해 고안되었다. 역사를 학문으로 발전시킨 선구자인 레오폴트 폰 랑케Leopold von Ranke라는 독일인은 1824년에 미래 세대를 지도하기 위해 과거를 판단하는 것이 아니라 '있는 그대로'를 말하고자 한다는 유명한 말을 남겼다. 일부 학자들은 랑케의 주장이 순진한 견해에서 비롯됐다고 비판하면서 어떤 역사학자도 과거를 온전히 회복시킬 수 없다고 주장했다. 우리는 시간의 흐름에서 남아 있는 유물을 통해 과거를 이해할 수 있을 뿐이며 있는 그대로의 과거는 절대 파악할 수 없다는 주장이다. 랑케는 "역사학자의 의도는 관점에 좌우된다"라며 자신의 견해가 불완전함을 인정하면서도 역사 독자들에게 시야를 넓힐 것을 설득했다.

랑케 시대에 개신교 국가의 많은 역사학자들은 개신교의 우월성을 자랑하고 싶은 충동을 억누르지 못했으며 유럽 각지의 역사학자들은 자국 역사의 특별함을 강조하기에 바빴다. 그런 시기에 랑케는 보다 객관적인 시각을 추구했다. "얼마나 조건적이든, 매력이 떨어지든 사실을 있는 그대로 제시해야" 하며 그럴 때에야 "통일성이 커지고 사건이 발전된다"라고 주장했다. 그는 독자들이 색다른 시각에서 과거를 바라보도록 유도했다. 객관적인 시각을 갖춰야 한다는 그의 주장은 원전과 각주 연구에서 비롯됐는데, 이는 이론상으로라도 독자들이 그의 해설을 확인할 수 있도록 도와주는 역할을 한다.[1]

랑케는 세미나를 활용하여 (남성으로만 구성된) 학생들에게 역사적 자료의 신중한 비교와 비판에 대해 가르쳤다. 그리고 얼마 안 가 해외에서도 그의 교수법을 모방하기 시작했다. 1889년 미국의 역사학자 찰스 K. 애덤스Charles K. Adams는 "오늘날 전 세계에서 세심하고 정확하며 면밀하게 출처를 조사하는 방법에 기초하지 않은 탁월한 역사교육이란 찾아볼 수 없다"라고 평가했다.[2] 1880년대와 1890년대 미국에서 활동한 역사학 교수 가운데 절반은 독일에서 수학한 학자들이었다. 랑케는 1884년 미국역사학회가 설립된 이래 처음으로 명예회원에 임명된 외국인이었다. 그가 1886년 사망했을 때 뉴욕의 시러큐스대학은 랑케가 근대 역사학에 기여한 공로를 기려 그의 개인 기록을 매입했다.

랑케는 독일 역사 이외의 분야에도 열정을 보였지만, 역사학은 민족주의, 그리고 유럽이 전 세계 다른 지역보다 우월하다는 신념과 함께 성장했다. 역사학자들은 앞 다퉈 자국의 역사를 다뤘고 특히 근대 관료적 민족국가의 대두를 유럽의 우월성을 보여주는 분명한 징후로 여겼다. 유럽의 역사 기술은 미국뿐 아니라 전 세계 다른 지역에서도 기준이 되었다. 남아메리카, 아프리카, 아시아 학생들은 역사학 박사학위를 받기 위해 유럽으로 향했다. 서유럽은 모든 역사 발전에서 본받아야 할 모델이 되었고 유럽에서 개발된 역사 관련 기법은 전 세계의 역사 기술에 영향을 미쳤다. 유럽 제국주의의 도전에 직면한 중국, 일본의 역사학자들은 서양의 역사학자들을 따라잡기 위해 애썼다.

2차 세계대전 이후 탈식민지화 운동이 성공을 거뒀음을

고려하면 '유럽 중심적' 역사 모델이 1990년대에 들어서야 비판받기 시작한 것은 때늦은 감이 있다. 1990년대 이후 유럽 중심의 역사 모델은 거센 비판에 휩싸였다. 인도 출신의 역사학자 디페시 차크라바르티Dipesh Chakrabarty는 1992년 처음 발표되어 이후 널리 영향을 미친 글에서 다음과 같이 한탄하며 새로운 길을 제시했다.

역사 지식에서 유럽이 무언의 지시 대상으로 작용함은 지극히 일반적으로 일어난다. 비서구권 제3세계의 역사가 종속상태에 있음을 드러내는 일반적인 징후가 두 가지 이상 존재한다. 제3세계 역사학자들은 유럽 역사의 저작물을 인용해야 할것만 같은 의무를 느낀다. 반면 유럽 역사학자들은 이에 화답할 필요성을 느끼지 못한다. '위대함'을 갖추고 역사학에서 본보기로 삼아야 할 대상은 늘 문화적으로라도 '유럽적' 특징을 지닌다. '그들'은 비서구 역사에 꽤 무지한 상태에서 역사를 기술하며 그러한 무지가 저작물의 수준에 별다른 영향을 미치지 않는 듯하다. 하지만 이러한 시도를 '우리'는 할 수 없는 것이다. 우리가 그들과 같은 수준의 무지를 고집한다면 '뒤떨어진

방식'이라거나 '구식'으로 보인다는 비난을 감수해야 한다.[3]

차크라바르티의 비판은 전환점 역할을 했다. 역사 연구에서 서양의 모델이 계속해서 큰 영향을 미치긴 했지만 1990년대 이후 유럽과 미국의 역사학자들은 아시아, 아프리카, 아메리카 대륙의 학문과 학자에도 관심을 보이기 시작했다. 서양의 대학은 다른 지역 출신의 역사학자들을 유치하기 위해 경쟁을 벌였다. 차크라바르티도 그러한 경우에 속했다. 그는 인도에서 태어나고 교육받은 뒤 호주에서 박사학위를 받았으며 시카고대학에서 학생들을 가르쳤다.

유럽에서 발전된 역사적 진실의 기준은 역사 기술에서 유럽이 우월하다는 사고로 이어졌다. 이 때문에 '유럽 중심주의'에 대한 불만이 역사적 진실의 기준에 대한 문제 제기로 번지기도 했다. 유럽 중심주의에 맞서기 위해서는 진실에 관한 서양의 개념을 공격할 필요도 있을 것이다. 주요 출처, 각주, 해석의 일관성과 완전성을 고집하는 태도는 서양 제국주의와의 연관성 때문에 어쩔 도리 없이 오염된 것인가? 차크라바르티의 비판이 충분치 않다고 보는 한 인문학자는 지식과 진리를 확립하는 역사학이 "식민주의와 깊은 연관을 맺거나 뒤섞여 있으며 근대라는 이름이 붙은 정치-인식론의 시기 이전으로는 아무리 엄격하게 따져도 거슬러 올라갈 수 없다"라고 말했다.[4] 이러한 주장은 '근대성'이 이전 시대와의 분명한 단절을 의미한다는 세속 중심주의로 유럽 중심주의를 대체할 뿐이며 역사적 지식과 역사적 진실에 대해 그러한 주장은 방어될 수 없다. 역사학자들은 대학에서 역사학이 확립되기 오래전부터 권위 있는 지식을 추구했다.

역사도, 역사적 진실에 대한 우려도 서양에서 비롯되지 않았다. 중국의 학자들은 기원전 9세기부터 역사를 기록했으며 정확한 사실을 남기려는 열망이 얼마나 강했던지 일부 학자들은 사실을 왜곡하려는 지도자의 압력에 굴복하느니 처벌을 선택할 정도였다. 12세기 이슬람의 연대기 기록자인 이븐 알 칼라니시Ibn al-Qalānisī가 설명한 그의 목표는 현대인들에게도 익숙한 측면이 있다.

본 연대기에 제시된 사건의 서술을 완료했다. 사건을 순서대로 배치했으며 오류와 성급한 판단, 부주의한 누락이 없도록 주의

"

진실성의 추구에 꼭 학문적 배경이 필요한 것은 아
니다. 또한 진실성의 추구를 꼭 서양의 특징으로
볼 수도 없음을 알 수 있다. 진실을 향한 열망은 서
양의 식민주의와 제국주의보다 역사가 오래되었
으며 역사를 기술한 다양한 전통이 존재해왔다.

"

를 기울이면서 신뢰할 만한 저자들의 사료를 기록하고 이를 확인하는 철저한 조사를 직접 수행한 후에 옮겼다.[5]

역사 기록에 관한 중국과 아랍 무슬림 등의 전통에서도 역사의 진실성을 향한 서양과 근대의 우려가 동일하게 담겨 있는 것이다.

진실을 향한 열망을 널리 공유한 역사가 오래되었다는 점은 역사가 학계를 벗어난 영역에서도 기록되어왔고 앞으로도 그럴 것임을 시사한다. 진실성의 추구에 꼭 학문적 배경이 필요한 것은 아니다. 또한 진실성의 추구를 꼭 서양의 특징으로 볼 수도 없음을 알 수 있다. 진실을 향한 열망은 서양의 식민주의와 제국주의보다 역사가 오래되었으며 역사를 기술한 다양한 전통에서 발견된다. 아테네의 역사학자 투키디데스Thucydides(기원전 430~400년) 시대 이후 학자들은 자신이 선배 학자들보다 객관적이고 진실에 가깝다는 주장을 종종 제기했다. 그렇게 주장을 할 수 있었던 이유는 선배들이 남긴 결과물을 토대로 연구를 수행했기 때문이다.

하지만 역사가 시간과 문화에 관계없이 동일하다고 결론

내리는 것은 바람직하지 않다. 기록이든 구전이든 그림이나 행위로 전해 내려오든 모든 역사는 서사의 형식, 즉 연대기적 장치를 통해 과거를 표현하는 이야기에 의존한다. 그런데 서사의 형식이란 상상할 수 없을 정도로 종류가 다양하며 서양의 역사학자들은 서사시, 그림문자, 직물, '매듭문자(남아메리카 잉카족의 키푸)', 인도네시아 가믈란과 같은 서사적 이야기 음악이 서양의 기록, 연대기, 기록문서, 서적과 마찬가지로 서술적 특징을 지닌다는 점을 종종 간과한다.

다양한 서술 방식이 공통적인 특징을 보이기도 하지만 매우 이질적인 경우도 많다. 서로 다른 서술이 지니는 타당성을 인정하면 역사와 역사적 진실의 개념이 확장된다. 토착민이 남긴 역사 기술을 무시하는 관행에서 드러나듯 오늘날 낯선 형태의 역사 앞에 겸허한 태도를 갖추는 모습은 찾아보기 어렵다. 진정한 사실, 일관성, 완전성의 기준은 역사적 표현에 놀라울 정도로 열려 있다.

원전을 참고하는 방식과 관련하여 19세기 대학에서 역사학자들의 교육에 적용된 유럽형 모델은 진정한 의미에서 유일한 역사 지식의 형태라고 말할 수는 없어도 매우 큰 영향을 미친 것은 사실이다. 그 방식이 과거에 대한 인상적인 새로운 지식을 창출하지 못했다면 세계의 다른 지역에서 모방하지 않았을 것이다. 1887년 도쿄대학교에 역사학부가 설립되었을 당시에는 유럽사만 가르쳤다. 랑케의 제자로 영국의 헌정사를 전공한 독일 역사학자 루트비히 리스Ludwig Riess가 초대 교수를 지냈다. 점차 역사학부가 확대되어 일본과 '동양'의 역사까지 가르쳤고 '서양' 역사는 역사 관행과 근대 민족국가의 발전에서 모델로 간주되던 독일, 영국, 프랑스의 역사로 구성되었다. 같은 맥락에서 북미 대학에서 가르치던 유럽사도 1950년대 냉전으로 러시아와 동유럽 역사에 대한 관심이 커지기 전까지 독일, 영국, 프랑스 역사에 집중되었다.

이밖에도 유럽의 영향을 확인할 수 있는 사례는 많다. 랑케의 모델은 20세기 초 아르헨티나에서도 각광받았는데, 라플라타대학교에서 두 교수에게 북미와 유럽, 특히 독일의 역사교육 방식을 조사해달라고 의뢰한 것이 계기였다. 조사 결과는 아르헨티나의 역사 연구에 활용된 데 이어 멕시코, 칠레, 페루, 베네수엘라, 쿠바에도 소개되었다. 영국의 식민지 개척자들이 도착하기 이전 남아시아인들에게 역사의식이 부족했다는 어리석은 주장이 제기되곤 하지만 저명한 인도 역사학자 파르타 채터지Partha Chatterjee 등은 영국 역사학자들의 저서에서 지대한 영향을 받았다고 고백한 바 있다. 채터지에게 E. H. 카E. H. Carr의 『역사란 무엇인가』(1961년)는 마치 '역사 연구 방법의 신약성서'와 같은 의미를 지녔다. 대다수 역사학자들이 정치지도자와 정치제도를 주로 논할 때 카는 사회사와 경제사의 중요성을 강조했다.[6] 그의 활기찬 선언문은 전 세계적으로 큰 영향을 미쳤다. 그 영향을 받아 영국, 프랑스, 독일 역사학자들이 벌인 토론과 논쟁은 20세기 후반에 이르기까지 국제적인 역사 담론을 형성했다.

차크라바르티와 채터지의 사례에서 보듯 유럽적 방식으로 교육받거나 영감을 얻은 학자들은 바로 그 유럽적 방법을 도구 삼아 서양의 지배에 도전했다. 채터지도 차크라바르티처럼 유럽이 다른 나라 역사를 식민지화하려는 움직임에 저항했다.

역사는 탈식민 세계의 우리들을 근대성의 영구적 소비자로 정한 듯 보인다. 역사에서 유일한 주인공인 유럽과 아메리카 대륙

은 식민지시대의 계몽과 착취뿐만 아니라 우리를 대신해 반식

민주의 저항과 독립 후의 고통에 대한 각본까지 생각해냈다. 우

리는 상상력조차 영원히 식민 지배를 받는 상태다.[7]

　말할 나위 없이 채터지는 그런 피지배 상태에 머물 생각

이 없었다. 채터지는 원전을 바탕으로 나름의 반식민 민족주

의 해석을 발전시켰는데, 단순히 서양 모델을 모방했다고 폄

하할 수 없을 정도로 독창적인 특징을 갖췄다.

　유럽 중심주의에 대한 열렬한 관심은 비교적 최근에 형

성되었으나 19세기 말 이후 유럽 방식의 교육을 받은 역사학

자들은 자기 목적에 맞게 유럽 중심주의를 도구로 활용했다.

프랑스, 영국, 독일 역사학자들은 국민의 단결을 강화할 목

적으로 정부 기록보관소를 샅샅이 조사했고 일본 역사학자

들은 민족주의를 고취할 방안으로 제국의 전통을 지지하는

랑케의 방법을 활용했다. 심지어 문명에 대한 유럽의 사고

도 일본의 목적에 맞게 차용했다. 1869년 메이지 왕은 "문명

과 야만을 분명하게 구분 짓는" 역사를 기술할 것을 명령했

는데 여기에서 문명이란 일본을 의미했다. 20세기 초 일본의

대표적인 역사학자 츠지 젠노스케辻善之助는 1950년, 일본이 유교와 불교 등 외국의 사상을 흡수하되 원래 형태로 그대로 수용했다면서 "동양문화의 정수는 일본에만 남아 있다"라고 주장했다.[8]

유럽에서 온 이주자가 다수였던 아르헨티나에서는 더 놀라운 주장이 제기됐다. 역사 연구를 위해 해외에서 유학한 히카르도 로하스Ricardo Rojas는 귀국한 뒤 1909년에 민족주의를 일으킬 목적으로 『민족주의자 부활The Nationalist Restoration』을 발표했다. 여기서 그는 외국 사상의 영향에 맞서려면 학교에서 아르헨티나 역사를 가르쳐 민족 정체성을 키워야 한다고 주장했다. 1916년에는 아르헨티나의 독립 100주년을 맞아 『아르헨티나성La Argentinidad』을 발표했는데 아르헨티나의 영웅적 역사와 집단기억을 극찬하는 내용이었다. 로하스는 아르헨티나의 독립운동이 유럽의 사상이 아닌 아르헨티나의 자생적인 사상에서 영감을 받았다고 주장했다. 역사를 연구하는 유럽의 방식은 역으로 비유럽, 반유럽 정체성을 지지하는 데 활용될 수 있다.

잠정적 진실

/

역사적 해석이 사실에 근거하고 학자들이 최대한 완전성을 추구하더라도 해석은 잠정적으로만 진실성을 지닌다. 새로운 사실이 발견될 수 있고, 시간이 지나면서 완전성의 기준이 변화할 수도 있기 때문이다. 역사학자들은 고유의 정체성에 대한 서술을 통해 국가적 단결성을 드높여왔다. 오늘날 과거의 서술을 읽어보면 그 당시에는 놓쳤던 불완전한 구석이 드러난다. 이와 같은 일시성은 유럽이나 서양뿐만 아니라 세계 도처에서 발견된다. 하지만 과거의 기록에 대해 자기도취적인 우월감에 빠지기에 앞서 언젠가 이 시대의 역사도 불완전한 기록으로 간주될 날이 온다는 사실을 기억해야 한다.

두 세기 동안 미국 역사는 주로 콜럼버스의 발견에서 시작했다. 이어 1607년 제임스타운의 식민지 개척이 실패한 이후 영국의 식민지가 설립된 과정을 주로 다뤘다. 당시 프랑스와 스페인이 신대륙에서 더 큰 영토를 차지하고 있었지만 역사학자들은 영어와 영국의 정치, 법 제도가 오늘날 미국을 형성하는 데 지대한 영향을 미쳤다고 주장하면서 영국 식민지에 집중하는 태도를 정당화했다. 반면 원주민, 혹은 인디언이라고도 불리는 존재는 대체로 무시되었다. 데이비드 세빌 머지David Savile Muzzey는 1911~1933년에 여러 차례 개정판이 나온 저명한 교과서 『미국사』에서 당당하게 북아메리카의 원주민 부족과 당대의 아프리카계 미국인들을 폄하했다. "그들(인디언)은 무척 다양한 종류의 놀이와 춤, 진지함과 즐거움을 지녔다. 요즘 미시시피의 검둥이들처럼 하릴없이 햇볕을 쪼이며 즐겼다."[9] 그는 원주민이나 아프리카계 미국인에는 진지한 관심을 나타내지 않았으나 자신의 역사 서술이 일관적이고 온전하다고 내세웠다. 그러면서도 신생 공화국의 건국의 아버지들에 대해 충분히 긍정적으로 기술하지 못하여 '반역적인 글'을 쓴 것을 못내 아쉬워했다.

완전성 개념이 지니는 한계는 인도, 중국은 물론이고 호주 등 다른 정착민 식민지와 더불어 영국, 프랑스 등 제국의 역사에서도 찾아볼 수 있다. 불과 수십 년 전만 해도 호주의 역사 교과서는 1770년 제임스 쿡James Cook이 신대륙에 도착한 장면으로 시작했으며 원주민의 유구한 역사는 간단히 무시했다. 2010년 개정된 『옥스퍼드 영국사The Oxford History of Britain』는 여전히 잉글랜드의 시각에서 '영국'의 역사를 전한다. 잉글랜드가 실정과 무질서로 고통받던 웨일스인들에게 평화와 성공적인 통치를 선사했다는 식이다. 프랑스 역사에서는 노예제도나 식민지 통치의 폭력성에 눈감기 일쑤며 도시의 관점에서 역사를 기술했다. 노예나 혼혈인종이 당시 어떤 삶을 살았는지는 파악할 길이 없다. 영어권 학자들도 프랑스의 선례를 따랐다. 1989년 사이먼 샤마Simon Schma는 프랑스 혁명의 역사를 다룬 베스트셀러 『시민Citizens』을 발표했다. 900페이지에 달하는 책에서 1791년 프랑스의 식민지 생도맹그에서 발생한 노예봉기는 단 한 줄 언급될 뿐이다. 그러고는 프랑스에서 설탕과 커피 값이 지나치게 비싸 불만이 일었다는 설명이 이어진다. 프랑스의 교과서는 21세기 초까지도 프랑스 식민지의 노예 관련 역사를 깊이 있게 다루지 않았다.

　인도와 중국의 민족주의 역사학자들은 유럽 제국주의자들의 침략 이전에 벌어진 외세의 지배를 어떻게 다룰지 고민했다. 인도에서는 크게 두 가지 서사가 등장했다. 힌두교 민족주의자들은 인도가 오랫동안 외세의 영향을 물리치기 위해 애쓴 힌두교 국가라고 규정했다. 이러한 서사에서는 가까운 과거에 인도를 200년 가까이 통치했던 무굴 무슬림들은 잔인하고 폭력적으로 억압한 외세일 뿐이다. 반면 세속적인 민족주의자들은 영국이 인도를 점령하여 무슬림과 힌두교도 집단의 분리를 조장하기 전까지 종교가 인도를 편 가르기 하지 않았다고 주장했다. 이러한 주장의 정당성을 입증하기 위해 학자들은 초창기 공동체 의식의 발현을 거의 다루지 않았다. 20세기 전반에 걸쳐 중국 역사학자들은 한족 이외의 민족들을 중국에 포함시키기 위해 동화력을 강조했다. 일부 학자들은 한족을 제외한 나머지 민족들을 문화나 문명 측면에서 열등한 존재라고 여겼다. 가령 중국을 200년 이상 통치했던 만주인들은 무능력하고 야만적이며 문맹으로 묘사되었다.

"

과거의 기록에 대해 자기도취적인 우월감에 빠지
기에 앞서 언젠가 이 시대의 역사도 불완전한 기록
으로 간주될 날이 온다는 사실을 기억해야 한다.

"

서양이 우월하다는 사고를 조장하는 역사의 기술은 근시 안적 시야에서 출발한다. 서양은 기술혁명과 문화발전('근대 성')의 근원지로 묘사된 반면 동양은 위압적 문화가 지배하는 곳으로 폄하되기 일쑤였다. 머지가 원주민을 설명한 방식과 크게 다르지 않았던 것이다. 1820년대에 독일의 철학자 G. W. F. 헤겔은 세계사의 의미를 가르치면서 동양 혹은 동방을 폄하했고 이후 오래도록 서양의 학자들에게서 그런 태도가 이어졌다. "동양에서는 오로지 한 사람만 자유로운 것으로 인식했으며 오늘날까지도 그렇다. 그리스와 로마 세계에서는 일부가 자유를 누렸다. 독일에서는 모두가 자유인이라는 것을 안다." 독일인들은 "인류의 영적 자유를 지켜낸" 루터와 종교개혁의 혜택을 입었다.[10] 오늘날까지 많은 이들은 헤겔이 언급한 자유의 다른 이름인 민주주의, 자유시장, 인권, 법치 등이 서양의 가치라고 생각한다. 이러한 사고방식에서는 동양이 어떤 가치를 제공하는지 분명치 않다. 헤겔에게 동양은 곧 미성숙, 무분별함, 예속, 호색, 광신을 의미했다.

하지만 인도와 중국의 예에서 보듯, 자기 민족, 문화, 문명의 우월성을 자랑스럽게 여기는 태도는 서양의 전유물이 아니다. 다소 동떨어진 예를 들면, 나이지리아에서는 요루바족, 이그보우족, 하우사-풀라니족의 정치인들은 한 나라 안에서 권력을 다투면서 자기 부족의 역사를 내세웠다. 일부 역사학자들은 영국의 식민 당국이 통일된 혹은 경쟁하는 민족의 개념을 만들어냈다고 주장했으나, 다른 학자들은 민족의식을 형성하는 데 직접 기여했다. 새뮤얼 존슨Samuel Johnson이 구전과 목격자들의 이야기를 종합하여 『요루바의 역사The History of the Yorubas』를 펴내는 등 아프리카 학자들이 선구자적 노력을 기울이지 않았다면 요루바 '종족'의 역사는 존재하지 않았을 것이다. 영국의 통치 시절 영국의 나이지리아인들은 유럽인들이 도착하기 전 아프리카에는 기록이 없었고 따라서 역사도 없었다는 영국 내에 존재하던 보편적인 오해와 싸워야 했다. 그러다 1960년 독립을 이룬 후 나이지리아에서는 부족 간 분열의 위기가 벌어졌다. 나이지리아 정부는 중앙권력의 유지에 일관성 없는 태도를 취했고, 이 때문에 역사 연구의 자원이 종족을 중심으로 지역별로 나뉘는 사태가 빈번하게 발생했다. 소속된 공동체에서 한 발 떨어져 전체 그림을 보기란 무척 어려운 일이다.

이상의 사례는 역사적 진실을 파악하기란 불가능하다는 것을 의미하는가? 절대적 진실에 닿기란 불가능하더라도 자세히 관찰해보면 역사적 진실의 기준은 비판을 가능케 만든다는 점에서 강력한 힘을 지닌다. 관련된 모든 사실을 고려했는지도 중요하다. 예를 들어, 미국인의 정체성을 살피면서 프랑스, 스페인, 원주민이나 아프리카계 미국인의 기여를 무시한다면 그 설명을 완전하다고 할 수 있을까? 영국 역사에 웨일스인 시각의 서술을 반영하지 않는다면 온전히 일관성을 갖췄다고 말할 수 있을까? 역사의 해석은 본질적으로 그 구성이 취약하며 새로운 발견이 일어날 가능성은 언제나 존재한다. 또한 완전함에 대해 새로운 개념이 제시될 수도 있다. 민족이나 국가의 정체성을 강화하고 유럽이 우월하다는 인식을 형성하는 데 활용되었던 기법이 오히려 민족이나 국가의 서사에 도전을 제기하고 서양이 우월하다는 인식을 훼손할 수도 있다.

다음 장에서 살펴보겠지만 민족이나 국가의 서사, 서양의 우월성에 이의를 제기하는 사람들은 19세기 초 이후 발전된 역사적 진실의 기준에 의지한다. 합의된 기준이 없다면 과거의 진실을 규정할 방법이 없다. 또한 그러한 진실에 대해 토론을 벌일 방법도 없을 것이다. 토론이 일어나기 위해서는 둘 이상의 주체가 토론 규칙에 동의해야 하며 토론에서 이기기 위해서는 더 나은 주장을 제기해야 한다. 주장이 개선되거나 논박을 당할 수 있다는 것은 내재적으로 입증 기준이 존재한다는 의미다. 토론과 논쟁은 완전성에 대한 정의가 수정되도록 허용하고, 역사 연구자들이 과거에 대한 해석을 뒤집을 만한 사실을 계속 발견하도록 독려한다는 점에서 중요하다. 역사의 민주화가 계속 진행되도록 동력을 제공하는 셈이다.

3장

HISTORY

역사의 정치

역사학이 태동한 초기에는 민주적인 성격과는 거리가 멀었지만 시간이 흐르면서 새로운 역사학자 집단과 새로운 종류의 역사를 포용하는 길이 마련됐다. 한때 역사학자는 엘리트의 직업으로서 엘리트의 자제들을 위해 엘리트의 과거에 대해 기술했다. 그러다 더딘 속도라도 점차 여성, 소수인종, 이주자를 역사학자로 받아들였고 이들은 역사의 한 부분을 장식하기 시작했다.

그 결과, 오늘날 민족국가와 세계화된 세계에서 역사의 역할을 둘러싼 열띤 논쟁에서 거대한 불협화음이 일어났다. 기념물과 교과서 논쟁에서 보듯 의견 불일치가 거세게 일어나지만 이러한 불화가 중요한 진실을 가려서는 안 된다. 역사의 의미에 대한 논쟁은 민주주의의 생존에서 중요하다. 불화는 민주주의의 취약성이 아닌 건전성을 드러내는 징후다. 역사학의 발생은 민주주의를 뿌리 깊은 편견에서 건져냈다.

엘리트 역사

/

수치를 보면 19세기 대학교육에서 엘리트가 어떤 지위를 누렸는지 분명하게 알 수 있다. 1870년 미국의 18~24세 청년들 가운데 중등과정 이후의 교육기관에 입학한 비율은 1퍼센트에 불과했다. 하지만 미국의 수치는 전 세계 다른 나라와 비교해 높은 수준이었다. 잉글랜드에서는 0.3퍼센트, 프랑스에서는 0.5퍼센트에 그쳤다. 독일과 일본에서도 사정은 마찬가지였다. 이처럼 일반 대중과 동떨어진 교육환경에서 역사가 모든 지역에서 별도의 학문으로 즉시 인정을 받은 것은 아니었다. 예를 들어, 영국 케임브리지대학에서 역사는 1873년에야 독자적인 과목이 되었다. 그 이전에는 역사수업이 있더라도 윤리학이나 법학의 일부로 가르쳤다.

1870년대에 역사는 정치사, 특히 과거 엘리트의 역사에 국한되었다. 케임브리지의 대표 역사학자인 존 실리John Seeley 는 역사가 과거 정치에 대한 학문이며 정치는 역사를 만든다고 믿었다. 옥스퍼드의 학자들도 다르지 않았다. 엘리트 청년들은 정치계와 정부에 들어가기 위한 준비 차원에서 역사를 공부했다. 실리에게 역사는 '정치력statesmanship 학파'를 의미했다.[1] 그렇다고 학생들이 최근의 역사를 배운 것도 아니었다. 케임브리지에서는 고대 그리스와 로마, 중세 유럽, 영국의 헌정사를 가르쳤다. 고대 그리스와 로마를 원어로 학습하는 것은 오랫동안 모든 교양 교육의 초석으로 간주되었다. 고전은 역사라는 신생 과목에 정부와 정치 리더십의 형태에 대한 중요한 사례를 제공했다. 실리의 노력에도 불구하고 근대 유럽사는 큰 주목을 받지 못했으며 전 세계 다른 지역의 역사는 말할 것도 없었다. 케임브리지에서 제국사를 담당하는 교수는 1933년에 이르러서야 등장했다. 미국사를 가르치는 자리는 2차 세계대전이 한창이던 1944년에 마련되었다.

하버드의 경우 이미 1873년에 역사학의 기반이 마련되

"

일반 대중과 동떨어진 교육환경에서 역사는 모든 지역에서 별도의 학문으로 인정받지 못했다. 예를 들어, 영국 케임브리지대학에서 역사는 1873년에야 독자적인 과목이 되었다. 그 이전에는 역사수업이 있더라도 윤리학이나 법학의 일부로 가르쳤다.

"

었지만 여러모로 케임브리지의 사정과 다르지 않았다. (전부 남성인) 학생들은 2학년에 로마사로 구성된 역사 과목을 수강했다. 당시 역사는 여러 전문 분야 중 하나였고 역사를 선택한 모든 학생은 2학년 때 로마와 초기 중세사를 배웠다. 10~16세기의 유럽과 중세 제도는 3학년 때, 1600년까지의 잉글랜드 역사와 1600~1750년의 근세사(즉 유럽사), 18세기 중반 이후의 근세사는 4학년 때 배웠다. 이러한 과목은 필수 과정이자 유일하게 제공된 과정이었다. 식민시대의 아메리카 역사 강의는 1875년에 개설되었고 1년 후에는 1776년 이후의 미국사도 가르쳤다.

1870년대 미국에서 역사학은 직업 측면에서 전문성이 약했다. 하버드의 중세사를 가르친 헨리 애덤스Henry Adams는 미국 역대 대통령의 손자이자 증손자였는데 중세사는커녕 역사교육을 받은 적이 없었다. (헨리 애덤스의 아버지는 6대 대통령 존 퀸시 애덤스John Quincy Adams이며 할아버지는 2대 대통령인 존 애덤스John Adams다-역자) 하지만 애덤스가 하버드를 떠난 이후 프랑스 중세사를 조명한 『몽 생 미셸과 샤르트르Mont St. Michel and Chartres』는 미국 역사에서 높은 평가를 받았고 오래도록 대중의 사랑을 받았다. 하버드에서 애덤스는 중세사 외에 처음으로 식민지 시대 아메리카 역사를 가르쳤다. 그는 하버드에 세미나 기법을 도입했는데 풍자적 성격의 자서전에서 자신이 아는 것이 없었기 때문에 세미나를 실시했으며 "알지 못하는 내용을 학생들에게 가르치는 척할 수 없었고 해당 과목을 익히는 최적의 방법을 찾기 위해 세미나에 참여했다"라고 털어놨다.[2]

1898년 미국역사학회의 태스크포스는 중등학교에서 실시되는 역사교육의 개혁을 제안하고 대학에서 고대, 중세, 영국사에 집중하는 엘리트 교육을 이민자 가정 출신이 상당수인 시민을 위한 교육과 결합시키고자 했다. 태스크포스는 중등학교에서 4년 동안 역사를 가르치는 방안을 제안했다. 첫해에는 고대 역사와 초기 중세사를, 두 번째 해에는 중세와 근대 유럽사를, 세 번째 해에는 영국사를, 마지막 해에는 미국사와 공민학을 가르치자는 제안이었다. 이 보고서에서 제시한 근거는 당대의 우려사항을 잘 보여준다. "근대 정치학을 배우는 학생들이 고대 세계의 공화제와 민주주의의 문제, 어려움, 실패에 무지해서는 안 된다." "근대 권력의 성격은 중세의 기원을 언급하지 않고 조사해서는 제대로 이해할 수 없다." "1776년 이전의 잉글랜드 역사는 곧 우리의 역사다." 종합하자면, "강의를 통해 학생들은 역사의 개요를 온전하고 만족스러운 수준으로 습득할 수 있으며 앞으로 나아가고 현재를 과거의 산물로 바라볼 수 있다."[3] 태스크포스는 역사교육이 "온전하고 만족스러울" 것이라고 표현했지만 서유럽과 미국 이외 지역의 역사에 대해서는 전혀 언급하지 않았다.

첫 번째 위반

/

　　1898년 보고서의 저자들은 남학생과 여학생 모두에게 적합한 역사 커리큘럼을 구성하고자 했다. 하지만 대학에서 역사가 '정치력 학파'로 남아 있는 한 여학생들의 역할은 불분명했다. 1918년 영국에서 여성은 투표를 하거나 의원 선거에 출마할 수 없었다. 여성은 1928년에야 남성과 동등한 선거권을 얻었다. 1881년 케임브리지는 여학생들이 시험을 치를 수 있도록 허용했지만 1923년까지는 여성들에게 학위 수여를 번번이 거부했다. 마침내 3년 뒤 여성들은 대학교수로 임명되었다. 저명한 정치경제학자 알프레드 마샬Alfred Marshall은 여성이 케임브리지의 교육으로 수혜를 보기에는 정신적으로 열등하다는 기이한 주장을 했다. 하지만 마샬이 아니라도 대학에 소속된 대다수의 남성들은 여성이 동일한 교육과정을 받거나 남성과 일자리 경쟁을 벌여서는 안 된다고 생각했다.

케임브리지에 여성을 위한 칼리지가 1869년(거튼)과 1871년(뉴넘)에 설립되면서 여성들은 진지하게 연구를 수행하고 강사가 허락하는 경우 남학생들과 함께 강의를 들을 수 있었다. 또한 대학교 전반에서 치르는 시험에 응시하고 연구를 이어갈 수 있는 장학금을 받을 길이 열렸다. 에일린 파워Eileen Power(1889~1940년)가 훌륭한 사례로서 중세 연구가이자 경제사학자로 이름을 날렸다. 케임브리지가 1921년에 다시 투표를 거쳐 여성에게 학위 수여를 거부하자 파워는 런던정치경제대학에서 일자리를 얻었다. 그녀는 친구에게 "무척 어려운 결정이었다"라면서 "거튼에 갇혀 있는 것이 짜증나기는 했어도 칼리지와 케임브리지를 아꼈다"라는 편지를 보냈다.[4]

미국 여성들은 1920년에 선거권을 얻기에 앞서 교육 분야와 전문직에서 일할 기회를 누렸다. 일부분은 마운트 홀리오크(1837년), 바사(1861년), 웰즐리(1875년), 스미스(1875년), 브린 모어(1885년) 등 여학생들을 위한 칼리지가 성공을 거둔 덕분이었다. 연방의 토지 공여로 중서부에서 서부에 공립대학이 설립되면서 여학생들을 입학시키라는 압력도 높아졌다. 이미 1900년에 여성들은 전국 칼리지 학생의 3분의 1 이상을 차지하고 있었다. 1898년 중등교육 기관에 대한 보고서를 작성한 태스크포스에서 유일한 여성이었던 루시 메이너드 새먼Lucy Maynard Salmon(1853~1927년)은 미시간대학에서 여성에게 수여한 학부학위를 최초로 받은 학생이기도 했다.

새먼의 경력은 여성들이 처한 딜레마를 보여준다. 그녀는 1870년대 미시간에서 랑케의 세미나 방법론의 초창기 추종자였던 찰스 K. 애덤스의 지도를 받았다. 애덤스는 여성이 세미나에 적절치 않다고 생각하면서도 새먼이 대학원에서 수학할 때 계속 지도했다. 새먼은 브린 모어에서 연구를 이어갔는데, 나중에 미국 대통령에 선출되는 우드로 윌슨Woodrow Wilson이 당시 정치학과 역사학 교수를 지내고 있었다. 윌슨은 새먼의 연구에 별다른 관심을 보이지 않았지만 새먼이 미 대통령의 임명권을 주제로 작성한 석사논문은 학계에서 찬사를 얻었다. 바사 칼리지에서는 새먼에게 경제학, 정치학, 역사학 강사를 제안했다. 그녀는 세미나 교수법을 즉시 적용했고 1898년 보고서의 공동 저자들과 함께 중등학교 교육이 단순한 사실의 암기를 벗어나 비판적 사고와 일차적 출처를 연구하는 방향으로 나아가야 한다고 주장했다.

역사학부에서 여성의 지위라는 화살은 일직선으로 날아가지 않았다. 미국의 역사학과에서 여성의 위상은 1950년대와 1960년대에 오히려 낮아졌고 많은 대학의 역사학과는 1970년대까지도 여성 교수의 채용을 거부했다. 내가 1974년 캘리포니아대학교 버클리 캠퍼스의 역사학과 조교수로 임명된 것은 새먼이 처음으로 학위를 받은 지 100년이 흐른 후였고 케임브리지가 여성에게 학위를 수여하기로 결정한 시점에서는 50년 후였다. 그럼에도 나는 역사학 교수에 임명된 네 번째 여성이었다. 첫 번째 여성 교수였던 에이드리언 코크Adrienne Koch는 버클리에서 1961~1965년에 가르쳤고, 두 번째로 나탈리 제몬 데이비스Natalie Zemon Davis가 1970년에 교수가 됐다. 나는 1984년에 정교수가 되었는데 당시 역사학부에 소속된 정교수 40명 가운데 유일한 여성이었다. (데이비스가 프린스턴으로 떠난 뒤였다.)

나와 같은 세대의 여성 역사학자들은 사정이 비슷하다.

1970년대 초 미국의 역사학과에서 박사학위의 13퍼센트가 여성에게 수여됐지만 주요 대학원 역사학부에서 여성 교수가 차지하는 비율은 1퍼센트에 불과했다. 하지만 이후 수십 년 동안 상황이 급변했다. 2008년에 여성은 새로 수여된 역사학 박사학위의 40퍼센트 이상을 차지했으며 4년제 칼리지와 대학의 역사학부에서 35퍼센트를 기록했다.[5] 2017년에는 캘리포니아대학교 버클리 캠퍼스의 역사학과에 소속된 정교수 26명 가운데 9명이 여성이었다. 같은 해 시드니대학교 역사학과에서는 37명 중 15명이 여성이었다. 2012년 영국에서 역사학부 전체에서 여성 교수의 비율은 약 40퍼센트였지만 정교수 중에서의 비율은 21퍼센트에 그쳤다.[6] 어느 나라든 학계에서 높은 자리로 올라갈수록 여성의 비율이 줄어든다.

문을 활짝 열기

／

여성의 역사학 전문가 임용은 기회 문제와 관련된 전체 그림에서 일부분에 불과하다. 소수인종, 원주민, 서민 계층의 백인 학생들조차 여성들과 비교할 때 장애물을 뛰어넘을 기회가 더 풍부하고 성공 사례도 많았다. 식민지 시대 북아메리카 역사를 연구한 저명한 역사학자 칼 브리덴바우Carl Bridenbaugh는 드물게도 자신의 견해를 단도직입적으로 밝혔다. 다트머스와 하버드에서 수학하고 캘리포니아대학교 버클리 캠퍼스에서 1950~1962년에 교수를 지냈던 그는 여성과 소수인종의 무대 등장에 앞서 백인남성 이민자들의 진입도 못 견뎌 했다. 1962년(1862년이 아니다!) 미국역사학회 학회장 취임

연설에서 브리덴바우는 "하위 중산층이나 외국 태생의" 청년 역사학자들이 증가하는 세태에 한탄하면서 "이들의 감정은 역사 재구성에 종종 방해가 된다"라고 푸념했다. 당연히 상위 중산층(백인남성) 출신의 역사학자들은 이러한 감정 문제를 겪지 않을 것이다. 그는 수십 년 동안 배척당하다 이제 막 전문직에 발을 들여놓기 시작한 유대인 남성들을 떠올렸는지 "도시에서 양성된 요즘 학자들의 대다수"는 학생들에게 과거를 생생하게 전달하기 어려울 것이라고 결론지었다.[7]

당연한 일이겠지만 역사학 전문직에 진출한 백인 이외의 학자들은 만만치 않은 장애물에 부딪쳤다. 1999년에도 미국에서 활동하는 모든 역사학 박사 가운데 백인 이외의 인종이 차지하는 비율은 7퍼센트에 불과했으며 신규 박사학위 수여자 중에서는 12퍼센트에 불과했다. 2010년에는 신규 학위 수여자 가운데 소수인종과 소수민족의 비율이 약 19퍼센트로 상승했다. 2010년 미국의 인구조사에 따르면 인구에서 백인 이외의 인종이 차지하는 비율은 28퍼센트다. 이런 점에서 미국의 역사학은 다른 학문의 뒤를 쫓았다. 영국에서 비교할 만한 통계를 찾기는 어렵지만 상황은 크게 다르지 않아 보인다. 고등교육 통계청Higher Education Statistics Agency의 데이터에 따르면 2015년 영국의 모든 대학에서 학부와 대학원 1학년 학생 가운데 소수인종은 22퍼센트였다. 대학교 재학 연령에 해당하는 인구에서 소수인종의 비율보다 소폭 높은 수준이지만 (동일한 카테고리로 분류된) 역사학과와 철학과에서는 소수인종이 10.7퍼센트에 불과했다.

이러한 수치는 문제를 설명하는 시작 단계에 불과하다. 미국역사학회 최초의 아프리카계 미국인 학회장이었던 존 호프 프랭클린John Hope Franklin(1915~2009년)은 2005년에 펴낸 자서전에서 일생 동안 당한 모욕적인 인종차별을 간략하게 설명했다. 6세에는 무심코 백인 좌석으로 예약된 자리에 앉았다가 기차에서 쫓겨났으며 19세에는 미시시피에서 린치를 당했다. 하버드대학교 대학원생이었던 21세에는 데이트 중에 서비스를 거부당했다. 40세에는 남부에 위치한 지역 기록사무소에서 '하버드 검둥이'라는 표현을 들었다. (남부의 일부 기록보관소는 아프리카계 미국인의 출입조차 거부했다.) 80세에는 직원이 아닌 회원 자격으로 찾아간 워싱턴 DC 클럽에서 백인남성의 코트를 받아 걸으라는 요청을 받았다. 그밖에도 사례는 많다. 소수인종에 속하는 학생이 대학에서 학문을 추구하거나 교수로 일하면서 얼마나 어려움을 겪었을지, 얼마나 자주 차별을 당했을지 상상하기 어렵다. 프랭클린이 하버드에 재학 중일 때 대다수의 교수들이 그를 동정했음에도 결코 만만한 상황이 아니었다.

최근 실시된 설문조사 결과 영국 대학에서 소수인종은 여전히 고립, 소외, 배척당한다고 느끼고 있다. 자메이카 태생의 문화비평가로서 널리 영향력을 미치는 스튜어트 홀Stuart Hall은 1951년 로즈 장학금을 받고 옥스퍼드에 처음 도착했을 당시를 회상했다. 그는 "방 안에 있는 유일한 흑인인 경우가 많았지만" 인종차별을 공공연하게 받지는 않았다고 밝혔다. 공식적으로 옥스퍼드는 흑인 학생들에게 예의를 지켰다. "흑인들의 숫자가 워낙 적었기 때문에 위협적인 존재라기보다는 특이하고 진기한 존재로 간주되었다." 하지만 펍이나 카페에서는 사정이 달랐다. "늘 긴장감에 몸이 굳었다. 사람들이 자신들과 다른 어색한 존재라서 나를 쳐다본다는 사실을 알았다."[8] 고등교육 통계청은 2015~2016년 영국 대학에서 흑인 교직원의 비율이 2퍼센트 미만이었으며 아시아인의 비율은 8퍼센트에 불과했다고 밝혔다.

　초창기 역사학에서 학생과 교수의 구성이 변화하는 속도
는 유난히 더뎠다. 그러니 최근 수십 년 동안 역사 연구의 본
질에 대한 개념이 처음으로 변화했고, 이후 거대한 변화가
일어난 것은 어찌 보면 당연한 일이다. 앞서 언급했듯 유럽
과 미국 대학에서 역사 연구는 그리스와 로마, 중세 유럽사
위주로 진행되었다. 국사에 대한 관심은 1800년대 말에 이르
러서야 커졌다. 1910년대에는 적어도 미국에서 국사가 주요
강좌로 자리 잡았다. 1911년 하버드의 대학 요람에 나열된
역사 연구 강좌를 살펴보면 근대 유럽사 연구가 대부분 어
느 한 나라의 역사로 한정되어 있다. 잉글랜드와 프랑스 역
사 연구가 가장 심도 깊게 이뤄졌으며 근대 독일, 이탈리아,
러시아, 스페인 역사 강좌도 개설되었다. 바야흐로 전문화 시
대의 막이 오른 것이다. 역사학의 무게중심이 고대 세계에
서 근대로 옮겨갔고 이에 따라 민족국가가 역사 연구와 조사
에 영향을 미쳤다. 하지만 미국사의 경우 1870년대와 비교해
강좌가 늘긴 했어도 여전히 중세와 근대 유럽사에 비해 관심
도가 떨어졌다. 미국 내에서도 미국사는 역사 연구의 중심에

"

1900년대 초부터 개혁 성향의 역사학자들은 인류학, 사회학, 경제학과 새로운 연대를 맺을 것을 요청했다. 이들은 지배자와 조약에 관한 이름, 날짜보다 일반 대중의 사고 습관과 생활양식에 더 관심을 기울여야 한다고 주장했다.

"

들지 못했다.

 미국 대학의 역사학과에서는 엘리트로서의 지위를 의식하여 미국보다는 유럽의 중세사와 근대사 연구에 관심을 이어가고 있다. 2017년 캘리포니아대학교 버클리 캠퍼스 역사학과의 웹사이트에 따르면 중세와 근대 유럽사를 연구하는 교수는 16명이며 미국사 연구자는 13명에 그쳤다. 하지만 전체적으로 보면 2015년 미국에서 4년제 칼리지와 대학의 교수 중 41퍼센트 이상이 미국사를 가르쳐 유럽사의 32퍼센트를 앞섰다. 유럽사를 가르치는 교수진의 숫자는 1970년대 이후 줄고 있는 반면 비서구 지역에 특화된 교수의 비율은 증가하는 추세다. 미국에서 유럽의 쇠퇴와 비서구 지역의 대두는 학생회의 민주화 현상과도 연관되어 있다. 부분적으로는 유럽사가 엘리트 교육일 뿐만 아니라 백인 위주의 교육으로 비춰졌기 때문일 것이다.

 하지만 역사 과목의 민주화는 광범위한 지리적 지역에서 일어난 변화라기보다는 접근법의 변화에 기인한다. 당연한 일이겠지만 새로운 접근법은 선구자적 여성 역사학자인 루시 새먼, 에일린 파워와 같은 아웃사이더에게서 추진력을 얻었다. 새먼은 정치사학자로 출발했지만 이내 사회사에 눈을 돌렸다. 1897년 가사 업무를 분석한 저서는 처음으로 열띤 반응을 얻었으며 선견지명 있는 논문을 통해 '물질문화' 연구의 중요성을 알렸다. 1911년 발간한 『뒷마당의 역사History in a Back Yard』에서는 울타리를 들어 부동산 계약의 법체계를 설명했으며 정원을 통해 평범한 식물의 전 세계적 기원을 밝혔다. 에일린 파워는 사회사(『중세 사람들Medieval People』, 1924년)와 여성사(『중세 잉글랜드의 수녀원Medieval English Nunneries』, 1922년)에 큰 기여를 했다. 또한 일련의 여행기를 공동으로 펴냈는데 오늘날과 같은 전 세계의 긴밀한 연결을 예견했다. 파워는 1년 동안 특별 연구원으로 일하면서 공동 편집자인 E. 데니슨 로스E. Denison Ross를 만났고 세계를 여행하는 과정에서 인도와 중국을 방문했다.

20세기에는 역사학에 새로운 접근법이 연달아 영향을 미쳤다. 새로운 조류는 전통적인 정치사, 즉 군주와 의회, 전쟁, 조약의 역사 너머로 연구를 확대하도록 이끌었다. 1900년대 초부터 개혁 성향의 역사학자들은 인류학, 사회학, 경제학과 새로운 연대를 맺을 것을 요청했다. 이들은 지배자와 조약에 관한 이름, 날짜보다 일반 대중의 사고 습관과 생활양식에 더 관심을 기울여야 한다고 주장했다.

그 중에서도 가장 영향력이 큰 접근법은 사회사였는데 근로자, 노예, 원주민, 식민지 백성들, 여성, 소수인종 등 과거에 간과되던 사회 범주에 관심을 쏟았기 때문이다. 일찍이 새먼과 파워 같은 선구자들도 이러한 접근법을 제시한 바 있으나 사회사는 1960년대와 1970년대에 이르러 급격히 탄력을 받았다. 역사학자들이 교구 기록부, 인구조사 목록, 종교재판 기록, 치안문서, 행동지침, 가계부 등의 연구를 통해 의회, 외교, 기타 공식 자료 바깥에서 일반 대중이 위기 때나 장기적으로 어떤 삶을 살았는지 접할 수 있었기 때문이다.

1980년대와 1990년대에는 문화사 연구가 이어졌다. 사회역사학자와 마찬가지로 문화사학자도 전임자들을 비판하면서 자신들의 설자리를 마련했다. 사회사학자들은 전통적인 정치사의 범위가 지나치게 좁아 평범한 민초의 삶을 반영하지 못한다고 지적했다. 나아가 문화사학자들은 사회사가 노예, 근로자, 여성 등 고정된 사회 범주를 기초로 연구할 뿐 그 범주 자체가 의미를 지니게 된 과정에 주목하지 않는다고 주장했다. 문화사학자들은 사람들이 자신의 세계를 이해하기 위해 활용하는 범주를 연구했다. 이들은 프랑스 혁명 중 대중봉기의 사회적 구성을 분석하는 대신 폭도들이 도전하던 체계와 선호하던 체계에 주목했다. 학자들은 더 이상 사회 정체성이 문화적 관점을 자동으로 결정짓는다고 가정하지 않았다. 문화적 의미가 사회 정체성을 형성했다.

1990년대 이후, 특히 2000년대 들어 역사학자들은 한 번에 여러 다양한 접근을 모색했다. 세계의 연결성, 환경, 종교, 인종, 식민지 통치와 독재정권 이후 사회의 운명이 관심사로 떠올랐다. 그 중 특정 접근법이 우세하게 부각되지 않았으며 심지어 정치사도 회복되는 모양새다. 1975~2015년 미국 역사학자들이 사용한 접근법 변화를 최근 연구한 바에 따르면 여성과 양성, 문화사 접근이 가장 선호되고 있다. 반면 사회, 지식, 외교사 분야의 영향력은 줄었다. 환경, 종교, 인종, 민족성, 공적 역사 등 여러 소규모 분야에 대한 관심도 급증했으나 초기의 관심이 워낙 낮았다. 하지만 주요 수치를 살펴보면 다소 충격적이다. 여성과 양성 관계의 역사는 2015년에 단일 범주로는 최대 규모였음에도 역사학자의 10퍼센트만

이를 관심사로 나열했다.[9] 이제 역사는 고대 메소포타미아에서 배출된 쓰레기에서부터 오늘날 시드니의 서핑에 이르는 모든 대상을 아우른다. 그런데 역사가 더 이상 '정치력 학파'가 아니라면 대체 무엇이란 말인가?

역사와 시민권

/

　역사가 더 이상 '정치력 학파'는 아닐지라도 19세기 말 대
중 정치가 출현했다는 점에서 '시민권 학파'라고 부를 수 있
다. 오늘날 시민권의 정의는 보다 광범위하다. 더 이상 국가
에 소속되는 문제에 그치지 않으며 국가와 그 국가에 소속된
개인이 드넓은 세계, 나아가 우주에 얼마나 적합한지를 따진
다. 앞으로도 국사는 초등과 중등 교육에서 중요시될 것이다.
투표와 같은 대다수 시민으로서의 활동이 민족국가의 틀 안
에서 일어나기 때문이다. 유럽연합은 기본적으로 다민족 역
사의 개념이 없는 상태에서 다민족 주권을 확립하기가 쉽지
않음을 보여주는 사례다. 이러한 이유로 유럽연합은 회원국

에게 유럽사 교육을 강화할 것을 권장했다. 모순적이게도 프랑스, 독일이나 영국 역사가 아닌 유럽사는 유럽이 아닌 미국에서 역사가 더 오래되었다. 미국에서는 엘리트 양성을 위해 유럽사를 가르쳤고 양차 세계대전을 통해 미국과 유럽의 연합국 사이에 공동의 가치가 형성된 점도 작용했다. 유럽사에 대한 관심은 유럽에서 전쟁 가능성이 희박해지고 미국 정부가 점차 국경 남부와 아시아의 발전에 관심을 보이면서 줄어들었다.

이제 미국에서 세계사와 국사는 조화를 이루고 있다. 미국인들이 정치와 경제 측면에서 세계에 큰 관심을 갖게 되었을 뿐만 아니라 전 세계에서 미국으로 이민자들이 몰려들기 때문이다. 미국의 외국 출생 인구 가운데 유럽인의 비율은 1960년 75퍼센트에서 2014년에는 11퍼센트로 크게 하락한 반면 라틴아메리카와 아시아 출신은 급증했다. 이에 따라 미국의 민족 서사는 (여전히 유럽계 미국인이 가장 중요한 자리를 차지하지만) 비유럽권 국가에서 이주한 미국인들을 아우르고 있다. 게다가 대부분의 경우 중등교육에서, 많은 경우 대학교육에서도 세계사가 유럽사를 대체했다. 고등학생들 가운데 대학위원회College Board의 고교 심화학습 과정에서 세계사 과목을 선택한 학생들 수는 유럽사를 선택한 학생보다 두 배 이상 많다.

영국에서도 세계사와 국사 교육이 어우러지고 있다. 영국은 1700년대 초부터 세계제국을 건설한데다 전 세계에서 이민자가 몰려오고 있다. 영국에서 국외 출생 인구는 1993년부터 2015년 사이에 두 배 이상 증가했고 2015년에는 전체 인구의 13.5퍼센트를 차지했다. (미국에서 해당 수치는 영국과 유사한 13.7퍼센트다.) 15~16세 학생들을 대상으로 하는 일반 중등교육 학력인정시험의 역사 과목에 대해 영국 정부는 콘텐츠의 40퍼센트 이상을 영국사로 채우라는 지침을 제시했다. 또한 지리적으로 가까운 지역, 영국, 유럽 등 광범위한 세계라는 세 가지 맥락을 다뤄야 한다. 여기에서 보듯 광범위한 세계는 유럽과 같은 비중을 갖는다.

세계사의 중요성은 영국 역사학부의 구성에서도 확인할 수 있다. 2017년 케임브리지대학에 소속된 역사 교수들 가운데 연구 범위가 영국에 집중된 교수는 4분의 1에도 못 미쳤으며 3분의 1 이상이 유럽을, 또 다른 3분의 1은 서구 이외의 세계를 연구하는 것으로 나타났다. 워릭대학교의 경우 교수진의 3분의 2 가까이가 세계 문제에 관심을 나타냈으며 절반 가까이는 유럽사에, 역시 절반 가까이가 영국사에 관심을 드러냈다. 호주에서는 세계사에 대한 관심이 특별히 높지 않다는 점에서 주목할 만하다. 물론 영국, 미국 기준에서 볼 때 호주 역사의 상당 부분은 정의상 세계사에 해당한다. 2017년 시드니대학의 역사학부 교수 가운데 3분의 1은 주요 연구 분야로 호주 역사를 꼽았으며 3분의 1 남짓은 유럽사를, 15퍼센트는 미국사를, 또 다른 15퍼센트는 비서구권 역사라고 밝혔다.[10]

국사에 대한 관심, 그리고 국사 내에서도 다른 집단에 대한 관심은 앞으로 의문을 제기할 것이다. 미국에서 공화당전국위원회Republican National Committee는 2014년 8월 새로 발표된 고교 심화학습 과정의 미국사 교육 체계를 규탄하는 결의안을 통과시켰다. 위원회는 문제의 체계가 "우리나라 역사의 부정적인 면을 강조하는 반면 긍정적 면은 생략하거나 최소화시키는 수정론자들의 급진적 견해를 반영한다"라고 비난했다. 2015년 오클라호마의 한 의원은 오클라호마 주 교육위원회가 새로운 교육 체계를 거부하고 마그나 카르타, 십계명, 로널드 레이건의 연설을 포함하는 '기본적인' 문서를 가르치는 내용의 법안을 발의했다. 이 의원은 지역사회 가치옹호시민협회Black Robe Regiment 소속인데 해당 단체의 웹사이트에 따르면 '구원자 주님을 받들고 거룩한 미국 헌법이 도덕적인 국민들에게 부여한 자유를 수호하는 성경적 책무'를 가르치는 네트워크다.[11] 교회와 국가가 분리되지 않은 집단이다! 비난이 일면서 법안이 철회되었지만 교육 체계에 비판이 반복적으로 제기되면서 법안은 미국 예외론과 건국 아버지들의 역할을 강조하는 방향으로 개정되었다.

영국에서 일어난 논쟁은 그 정도가 덜하더라도 지속적으로 이어지고 있다. 영국에서는 오래전부터 편협함을 경계해 왔다. 1926년에 이미 장학사들은 초등 역사교육이 지나치게 영국과 대영제국에 치중하는 반면 세계사는 등한시하고 있다는 점에 우려를 나타냈다. 이들은 세계사에 더 많은 관심을 쏟으면 재앙과도 같은 세계전쟁의 발발을 막을 수 있을 것이라고 예상했다. 물론 이 같은 희망은 순진한 바람으로 드러났지만 학교교육에서 영국사에 관심을 집중시키는 태도

"

진정으로 세계적인 성격의 세계사는 초등학교와 중학교에서 국사를 대체하는 것이 아니며 그러한 대체가 바람직한지도 분명치 않다. 여전히 역사는 국민을 단결시키는 데 중요한 역할을 하기 때문이다.

"

는 이따금씩 도마에 올랐다. 보수 성향의 교육부 장관 마이클 고브Michael Gove는 2013년 학교 커리큘럼에서 영국사 교육을 강화하는 내용의 개혁을 시도했다가 교사와 학계 주요 인사들의 거센 반발에 부딪쳤다. 반대자들은 정부가 개혁안을 철회하고 세계사 비중을 늘리며 이민자와 이슬람 역사 교육에 자유를 부여하라고 요구했다.

이와 유사한 수많은 논쟁이 전 세계에서 진행되고 있으며 현지 정치와 지리 상황에 따라 다양한 양상을 보이고 있다. 타이완에서는 학교 커리큘럼에서 중국 본토의 역사와 구별되는 타이완 역사를 얼마나 비중 있게 다룰지를 놓고 학계와 정부가 갑론을박을 벌인다. 캐나다에서는 영어를 구사하는 캐나다인의 역사를 강조하려는 세력과 프랑스어를 쓰는 캐나다인의 역사를 중시하는 세력이 논쟁을 벌인다. 브라질에서는 일부 교육자들이 원주민과 아프리카계 브라질 국민의 역사를 교육시키기를 원한다. 남아프리카의 교사들은 인종차별적인 아파르트헤이트 정권을 지지하던 커리큘럼에서보다 포용적이고 민주적인 커리큘럼으로 이행을 요구해왔다.

미국과 영국의 사례에서 보듯, 때때로 세계사는 다문화

주의에 대한 우려의 증가를 의미한다. 이러한 경우 국가의 시민권에 대한 필요를 부인하지 않고 국가 너머로 시민권의 개념을 확대함을 뜻한다. 진정으로 세계적인 성격의 세계사는 초등학교와 중학교에서 국사를 대체하는 것이 아니며 그러한 대체가 바람직한지도 분명치 않다. 여전히 역사는 국민을 단결시키는 데 중요한 역할을 하기 때문이다. 역사는 특정 관점에서 기록되어야 하며 세계적인 관점이 무엇인지는 명확하지 않다. 출처를 알 수 없는 뜬금없는 관점인가, 여러 지역의 관점을 종합한 형태인가, 아니면 외계에서 바라보는 관점인가?

그렇더라도 세계적 관점은 갈수록 많은 관심을 받고 있는데 현재 세계의 많은 지역에서 같은 종류의 논쟁적 문제에 직면했기 때문일 것이다. 새로운 기구와 학술지는 국경을 초월하여 다양한 국가적 토론을 통해 의견을 교환하는 장을 마련한다. 2004년에는 역사교사 국제연구 네트워크 HEIRNET가 설립되었으며 토론을 활성화시키려는 차원에서 학술지 《역사 학습, 교수 및 연구의 국제 저널International Journal of Historical Learning, Teaching, and Research》이 창간되었다. 2017년 개최된

HEIRNET 학회에서는 "기후변화, 세계적 갈등, 대규모 이주, 민족주의의 발흥 등 오늘날의 여러 위기"에 대한 논문을 요청했다.[12] 민족주의는 역사의 오랜 친구였지만 때로는 숙적이 되기도 한다.

교과서와 마찬가지로 학교의 지침과 기준은 국가 정체성에 영향을 미친다는 점에서 뜨거운 쟁점이다. 국가 정체성은 영원히 고정되어 있는 성질이 아니기 때문에 학교의 지침과 기준 역시 거의 늘 변화한다. 역사에서 이를 확인할 수 있다. 역사에 대한 논쟁은 과거사의 재고와 재구성을 허용할 정도로 정체(정치적 조직체-역자 주)가 견고할 때 일어난다. 역사적 진실을 둘러싼 논의를 차단시키는 행위는 권위주의와 관련되어 있다.

2012년은 중국이 홍콩에 대한 주권을 영국에서 돌려받은 지 15년이 되는 해였다. 중국은 공산당이 "진보적이고 이타적이며 통일되어 있다"라는 장점을 강조한 반면 1960년대 말 문화혁명 당시 자행된 폭력과 1989년 천안문 광장에서 반체제 인사를 유혈진압한 사건을 경시하는 내용의 새 커리큘럼을 도입했다. 정부의 세뇌 시도에 대항해 수만 명의 학부모가 반대시위를 벌였지만 정부는 새 기준을 강행했다. 스페인의 프랑코 독재정권과 포르투갈의 안토니오 살라자르 Antonio Salazar의 경우 공산주의와 같은 새 이데올로기를 주입시키려는 시도는 하지 않았다. 대신 교사와 교과서가 가정, 가톨릭교회, 국가에 대한 복종 등 전통적 가치를 가르치고 있는지 면밀하게 감시했다. 살라자르는 공식 행사와 출판물에서 수백 년의 포르투갈 역사를 잇는 계승자로 묘사되었다. 그는 질서 있는 사회에 필요한 위계질서를 훼손한다는 이유를 들어 민주화 교육에 반대했다. 한편 남아프리카공화국의 아파르트헤이트 정권 하에서 교과서는 하나님이 백인과 흑인을 영원히 분리하도록 미리 정했다고 가르쳤다.

이밖에 수많은 사례를 언급할 수 있지만 터키 정부가 1915~1916년 아르메니아인의 대량학살 기록에 보인 반응은 국제관계를 지속적으로 악화시키는 사례로 꼽을 만하다. 터키 정부는 오스만 투르크가 아나톨리아 동부에서 아르메니아인을 추방할 때 수십만 명의 아르메니아인이 사망했다는 사실은 인정했다. 하지만 희생자의 수치에 대해 터키 측은 30만 명이라고 주장하나 아르메니아에서는 150만 명이라고 맞선다. 사건의 의도에 대해서도 양국은 의견이 엇갈리는데 고의적인 학살인지 여부가 관건이다. 중요한 점은 터키 정부가 집단학살이 아니라고 부정하는 해석의 잘못을 저지르는 데 있지 않다. 어디까지나 관점이 엇갈릴 여지가 있기 때문이다. 문제는 터키 정부가 논쟁 자체를 피한다는 데 있다. 터키는 문제의 사건을 파고드는 저술가와 학자를 위협하기 위해 '터키의 정체성Turkishness 모욕'에 관련된 법을 제정했다. (2008년에는 '터키에 대한 모욕'으로 개정되었다.)

과거와 현재의 독재정부는 역사를 왜곡하고 기억을 통제하기 위해 노력을 기울이고 있지만 역사와 기억은 돌파구를 갖추고 있다. 역사학 교육을 받은 학자들이 기록하고 가르치는 역사가 존재하기 때문이다. 역사는 엘리트에 의해, 엘리트를 위해, 엘리트를 다루는 학문으로 출발했지만 시간이 흐르면서 변화했다. 역사 기술과 교육에서도 변화가 일어났다. 민주사회를 수호하는 요인에서 역사가 첫 번째로 손꼽히지는 않을지라도 적어도 상위에는 있을 것이다. 역사의 이해는 거짓을 구성하는 계획적인 왜곡이라는 안개를 헤치고 나갈 능력을 키워준다. 아울러 역사는 정체성을 둘러싸고 벌어지는 경쟁에 끊임없이 새로운 영역을 제공하여 민주사회를 강화시킨다. 새로운 관심사, 새로운 연구자, 새로운 출처는 그러한 영역에 활력을 불어넣는다. 집단, 국가나 세계는 복구, 회복, 논쟁의 과정에서 기반을 더 굳건하게 다진다. 4장에서는 역사를 오늘날 우리 삶의 다양한 측면을 이해하는 관문으로 만들어주는 새로운 방법과 접근법을 탐색할 것이다.

HISTORY

역사의 미래

오늘날 역사에서 가르치는 시민권은 가장 광범위한 지리와 깊이 있는 시간 범위에 대한 관심을 아우른다. 이처럼 폭과 깊이를 더하는 작업은 학문의 변화와 더불어 우리 삶에서 역사의 역할이 변화하고 있음을 반영한다. 환경 역사와 기후 역사 등의 새로운 접근법은 지구에 사는 인류 앞에 닥친 우려에 대해 흥미롭고 새로운 관점에서 반응할 수 있는 길을 마련했다. 대다수의 사람들은 공식적으로 한 나라 혹은 유럽연합과 같은 광범위한 연합체의 시민이다. 하지만 각 사람은 역사와 관련된 또 다른 정체성을 지니고 있다. 가족, 이웃, 인종, 성별, 성생활, 지역, 그 밖에 우리 자신을 정의하는 요소 등에서 나름의 정체성을 가지고 있다. 동시에 우리는 급격한 기술 발전, 경제 변화, 예기치 못한 전쟁, 충격적인 테러리즘, 전염병, 거대한 이주, 재앙과 같은 기후변화에 직면한 세계의 일원이 된다는 의미가 무엇인지 직시해야 한다. 따라서 역사는 미래를 향한 거대한 의제를 갖추고 있으며, 동시에 우리가 오늘날의 문제를 바라볼 관점을 제공하고, 나아가 그 우려를 일부 덜어줄 수도 있는 매력적인 학문이다. 이러한 우려의 완화는 현실도피라고 볼 수 없다. 집착에서부터 한 발짝 물러나면 집단이나 국가의 미화에 비판적 태도를 갖출 수 있으며 다른 민족과 문화를 개방적으로 대할 수 있다. 역사는 자체적으로 윤리를 갖추고 있다.

세계의 역사

／

　우리 각자는 역사를 바라보는 견해에 영향을 미치는 서로 중복되는 지리와 시간 단위에서 살아간다. 말수가 적던 나의 외조부는 우크라이나 서부에서 미국 중서부의 미네소타 주로 이주한 이민자였다. 내가 어렸을 때는 그 지역을 러시아라고 불렀는데 당시 우크라이나가 소련에 속했기 때문이다. 외할아버지의 모국어는 독일어였고 외할머니의 경우 미네소타 서부의 농장에서 태어났는데도 모국어가 독일어였다. 나는 파나마에서 태어났지만 두 살 때 가족이 미네소타로 이주했기 때문에 출생지가 인생에 별 영향을 미치지 않았다. 이 때문에 1950년대에서 1960년대에 유년기를 보내는 동안 나는 라틴아메리카 역사보다는 유럽, 그 중에서도 특히 독일 역사에 흥미를 느꼈다. 나는 미국인이어서 무척 운이 좋다고 생각했다. 어머니는 대학교육을 받지 못했지만 나는 백인 중산층에서 태어나는 혜택을 누렸다. 대학 시절에는 나치 독일에서 사는 삶이 어떨지에 대해 친구들과 오래 토론을 했다. (게다가 외할아버지의 이름도 아돌프였다!) 나는 유대인, 공산주의자, 동성애자, 집시, 장애인에 대한 박해에 저항했을까, 아니면 눈 감았을까?

역사학자마다 특정 전문 분야를 선택하는 데 이유가 있을 것이다. 아이러니하게도 나는 독일 역사가 아니라는 이유에서 프랑스 역사를 선택했다. 유럽을 한 번도 가보지는 못했지만 F. 스콧 피츠제럴드F. Scott Fitzgerald와 같은 고향에서 자랐기 때문에 파리가 그 어떤 독일 도시보다 매력적이라고 (제대로) 짐작했다. 특히 독일이 동독과 서독으로 분리되면서 베를린은 연구를 위한 출입이 불가능했다. 프랑스에서 활동하는 프랑스 역사학자들은 세계적인 영향력을 미치는 새로운 방법론을 개발하고 있었다. 박사 1년차이던 1968년 5월에는 아직 독일 역사를 연구 중이었는데 마침 프랑스에서 혁명이 일어났다. 악한 혁명이랄 수 있는 나치의 권력을 다루기보다는 선한 혁명에 속하는 1789년 프랑스 혁명을 깊이 연구해보기로 결심했다. 혁명의 기운을 느낄 수 있었고 나는 그 의미를 파악하고 싶었다.

하지만 우리는 지리와 시간 주기에 제약을 받지 않는다. 대학에 진학하거나 도시에 살면 전 세계의 온갖 언어를 접할 수 있다. 인도네시아나 나이지리아, 페루와 전혀 인연이 없더라도 그 나라의 역사를 연구하고 싶은 열정을 키울 수 있으며 연구를 진행하는 과정에서 새로운 연결망을 구축할 수도 있다. 게다가 인식하든 못하든 우리 주변의 모든 요소는 흔적을 즉시 확인할 수 있는 200~300년이 아닌 영겁의 시간이 퇴적된 결과다. 역사에서 본질적으로 중요한 요소는 시간이지만 최근까지도 역사학자들은 놀라울 정도로 시간에 무관심했다. 하지만 이러한 태도 역시 변하고 있다.

서양에서 발전한 역사학은 시간에 대해 크게 세 가지 접근법을 취했다. 전형이 될 만한 사례 찾기, 진보의 투영, (더 나은 표현이 없어 직접 만든 단어를 소개하자면) 가장 최근에 등장한 '전 지구 시간whole earth time' 접근법이다. 연대 순서를 추적

할 수도 있지만 세 가지 접근법이 함께 공존한다.

　19세기에 대학에서 역사학이 처음 탄생했을 때 엘리트 청년들은 그리스와 로마 역사를 배웠다. 고대의 위대한 웅변가, 정치인, 장군이 정치와 군 지도자가 본보기로 삼을 수 있는 최고의 전형이라고 여겼기 때문이다. 지금도 역사는 이런 식으로 기능할 수 있다. 인간의 상상은 수백 년, 심지어 수백만 년을 뛰어넘어 과거의 인물에 동질감을 느끼고 그들이 처한 곤경에서 깨달음을 얻을 수 있기 때문이다. 미국의 대통령을 지낸 빌 클린턴(1992~2000년 재임)부터 중국 국무원 총리를 지낸 원자바오(2003~2013년 재임)에 이르는 다양한 정치인들이 로마 황제 마르쿠스 아우렐리우스Marcus Aurelius(161~180 재위)의 기록에서 영향을 받았다고 밝혔다. 아우렐리우스는 "현명한 사람에게 인생은 문제이지만 어리석은 사람에게는 해결책이다"라고 말했다. 인간이 안고 있는 많은 문제는 끝없이 되풀이된다.

　이처럼 전형을 발견하려는 노력은 1800년대 중반부터 1900년대 중반 사이에 역사에 대한 두 번째 접근법, 즉 진보의 투영에 자리를 내줬다. 역사는 세계 모든 지역을 아우르는 하나의 선형 진보로 이해되었다. 미래는 과거 황금기의 퇴보나 흥망성쇠 과정에서 피할 수 없는 순환의 결과가 아닌 발전을 의미했다. 그렇기에 과거는 더 이상 현재에 대한 확실한 안내자 역할을 할 수 없었다. 과거는 극복하고 거부해야 할 대상이었다. 이제 역사학자들은 현대인이 고대인보다 우월하다고 생각했으며 그 필연적 결과로 서유럽, 궁극적으로는 서양이 전 세계 다른 지역보다 뛰어나다고 여겼다. 이성과 과학의 승리는 진보에 대한 믿음을 뒷받침했고 서양이 다른 지역보다 우위에 있다는 생각을 고착시켰다. 서양과 세속적 근대성secular modernity은 곧 전 세계의 미래였다.

독일 철학자 헤겔은 영향력 있는 진보 모델을 제시했다. 그의 모델에는 명백한 허점이 있음에도 여전히 거대한 지적 영향력을 발휘한다. 1820년대의 역사철학 강의에서 헤겔은 지구의 전체 역사가 단일 역사의 일부분이라는 가정에서 출발했다. 기독교의 신도 역사에서 일부분의 역할을 했지만 신성한 원리를 따르는 인간의 이성을 통해서만 표현될 수 있었다. 즉, 세계의 단일 역사는 세속적 조건에서 분석되어야 했다. 종교는 역사와 철학에 종속되었다.

헤겔에게 이러한 단일 역사는 이성의 정신이 진보를 이룬 승리를 나타냈지만 어디까지나 구별된 공간 차원에서였다. 그는 "세계의 역사는 동양에서부터 서양으로 이동한다"라면서 "유럽이 역사의 절대적인 종착 지점이므로 아시아는 시작이다"라고 밝혔다. 동양은 "역사의 유년기"라는 주장이다.[1] 유럽, 특히 독일만이 이성과 자유를 성숙한 수준으로 표현할 수 있었다. 하지만 헤겔은 향후 미국이 향후 역사의 중심지 역할을 할 것으로 예견했다. 그는 기술이나 경제 발전에는 관심이 없었다. 그에게 진보의 기준은 법에 따라 모든 시민이 평등한 삶을 누리는 관료 국가의 승리 여부였다. 그는 노예제도가 본질적으로 부당하다고 생각하면서도 점진적으로 폐지해야만 한다고 봤다. 반면 여성은 절대 남성과 동일한 방식으로 자유로운 개인이 될 수 없다고 생각했다. 여성의 운명은 보편적인 이성의 조건에서 자유를 개념화하는 능력이 아닌 가정에서 결정된다고 주장했다.

독자들은 헤겔의 주장에서 유럽 중심주의, 성차별주의, 인종차별의 징후를 포착하고 그에게 우월감을 느낄지 모르지만 그런 우월감에 내재된 모순을 따져볼 수 있다. 우리가 헤겔의 주장을 '돌아'보고 약점을 발견할 수 있는 것은 역사가 앞으로 나아간다는 헤겔의 주장과 같은 맥락이다. 헤겔은 아시아나 그리스의 역사를 돌아보고 맹점을 발견했다. 그는 역사의 진보가 과거에는 숨겨져 있던 진실을 밝히 드러내는 일이며 그 진실은 자유의 내적 목적인 目的因('목적'이나 '목표'를 뜻하는 그리스어)이라고 생각했다. 그의 주장은 역사의 모든 요소가 최종 목적이나 목표를 향해 간다는 점에서 목적론적이다. 만약 세계사가 자유의 인식 측면에서 진보라고 한다면 역사 속에서 벌어지는 모든 일은 목표를 향해 나아가는 것이다. 하지만 우리 시대의 환경에 맞게 변화하더라도 과거와 유사한 과오를 저지르는 일을 피하기 어렵다는 사실을 인정해야 한다. 만약 역사가 자유를 향한 진보가 아니라면 어떤 의미를 지니는가? 자본주의의 대두, 근대성의 확산, 글로벌화의 증가, 중앙집권국가의 권력 확대, 아니면 이 모두나 또 다른 바를 의미하는가? 내적 추진력이 없는 비목적론적 역사는 과연 흥미로울까? 이러한 질문은 여전히 논쟁거리이지만 최소한 헤겔이 이를 강력하게 의제로 삼은 공로는 인정해야 한다.

"

아우렐리우스는 "현명한 사람에게 인생은 문제이지만 어리석은 사람에게는 해결책이다"라고 말했다. 인간이 안고 있는 많은 문제는 끝없이 되풀이된다.

"

°

진보에 대한 믿음은 헤겔이나 일반적인 역사학자, 지식인에 국한되지 않았다. 1차 세계대전이 발발하기 전에도 회의주의적인 경고음이 울리기는 했지만 서양의 대다수 지식인은 사회적으로 지적 수준이 높아지고 기술이 발전하며 경제가 성장하고 교육이 민주화되며 대의정치가 승리를 거두고 있다고 믿었다. 근대화는 진행 속도에 차이가 있고 부침이 있더라도 세계 곳곳에서 진행되었다. 하지만 1차 세계대전 중 벌어진 치명적이고 무분별해 보이는 참호전과 1929년 이후 경제 대침체, 1930년대 파시즘의 대두는 진보에 대한 역사 서술에 중대한 의구심을 제기했다. 끔찍하게 많은 사람들이 희생된 2차 세계대전, 관료적 조직에 의한 유대인 600만 명 학살, 지구의 생명체 상당수를 파괴시킬 잠재력을 지닌 폭탄의 개발과 사용은 진보에 대한 의구심을 더욱 키웠다. 기술의 발전으로 대규모 살상이 가능해졌고, 국가권력은 악한 목적을 추구할 수 있으며, 수준 높은 교육을 받고 번영을 누리는 사람들은 인종차별 정책을 지지하고, 과학은 지구 멸망에 기여할 수 있었다. 진보에 대한 신뢰가 사라지지는 않았더라도 의문부호는 커졌다.

시간에 대한 세 번째 접근법인 '전 지구 시간'은 이제 막 움트는 단계다. 이는 지구와 변화하는 환경에 관심을 갖는, 폭넓고 깊이 있는 시간감각에 기반을 둔, 역사 분야의 다양한 발전을 한데 묶는 접근법이다. 이 접근법에서는 지구의 역사를 모든 차원에서 살필 것을 주장하며 역사를 지구상의 모든 인간과 더불어 인간 이외의 생명체까지 고려하는 개념으로 본다. 또한 시간에 대해서는 우리가 발붙이고 다양한 모습으로 살아가는 일시적 환경이 조성되는 데 얼마나 다양한 요소가 어우러져 있는지를 인식하고자 한다. 우리 모두가 동일한 역사에 참여하고 있다는 헤겔의 핵심 주장의 하나에서 출발하지만 헤겔과 달리 이 시대의 세계사가 서양의 우월성이나 특정 성별, 인종, 국가나 문화의 우위를 투영한다고 여기지 않는다.

시간에 대한 깊은 이해는 중요한 의미를 지닌다. 지구 자체가 온난화와 환경파괴로 우려의 대상이 된 상황에서는 더더욱 중요하다. 18~19세기 지질학자들은 지구의 나이가 『성경』에서 암시하는 수준보다 많다고 주장했다. 그 이전까지 기독교 세계의 대다수는 기원전 4000년경에 창조가 일어났다고 믿었다. 영향력이 큰 개신교 지도자인 제임스 어셔James Ussher의 경우 구체적인 시간대까지 밝혔다. 1658년 발표한 글에서 그는 기원전 4004년 10월 23일 전날 밤에 우주가 창조되고 시간이 흐르기 시작했다고 밝혔다. 당시 영국에서는 율리우스력을 사용했기 때문에 10월 23일을 오늘날의 달력 체계로 환산하면 9월 21일이다. 이후 과학자들은 과학의 발전에 따라 지구의 나이를 수만 년, 수백 만 년에 이어 수십억 년으로 늘려 잡았다. 지구의 나이가 기존 생각보다 많다는 사실이 드러났음에도 시간의 구성 요소에 대한 역사학자들의 신념에는 큰 변화가 일어나지 않았다. 기록이 존재하기 이전의 모든 요소는 선사시대에 속하며 역사학이 아닌 고고학과 인류학의 연구 분야로 간주했다. 표기 체계의 발명은 기원전 3100년경으로 거슬러 올라가는데 이는 초기 기독교 연대학이 『성경』 연구를 통해 추정한 시기와 다르지 않다.

게다가 서양에서 역사적 시간이 점차 세속화되었음에도 신성성은 사라지지 않았다. 신성성의 대상은 기독교의 신에서 신권을 지닌 통치자를 거쳐 그 자체로 신성해진 국가로 옮겨갔으며 20세기에 새로운 조류의 역사 연구로 도전이 제기되기 전까지 현상이 유지되었다. 교과서, 학교 커리큘럼, 역사적 기념물은 신성불가침과 연결되기 때문에 논쟁의 대상이 되었다. 기념물을 파괴하거나 국민적 영웅의 명성에 먹칠을 하는 행위는 일부 사람들에게는 신성 모독이나 다름없었다.

역사학자들이 세계사를 140억 년 전 발생한 빅뱅에서 출발하는 경우는 흔치 않다. 하지만 지구의 깊은 역사에 관심을 두면 시야를 넓힐 수 있다.[2] 우리 모두는 행성의 생태계에 거주하는 동시에 다양한 기간에 걸쳐 형성된 지역 생태계에서 살아간다. 이를 인식하면 우리가 무엇을 공유하는지, 이웃에서부터 행성에 이르는 다양한 범위에서 살펴볼 때 우리가 공유하지 않는 것은 무엇인지 파악할 수 있다. 앞으로 역사학자들이 고고학자나 인류학자로 탈바꿈하지는 않겠지만 역사학자가 역사를 바라보는 시각에 변화가 생길 것이다. 표기 체계가 발명되기 훨씬 전 초기 인류와 그들이 아프리카를 벗어나 이동한 경로에 대한 새로운 발견이 그러한 예에 속한다. 글로벌화, 이주, 근대화는 장기적인 관점에서 바라보면 견해가 달라질 수 있다. 우리는 지역에서부터 국가, 세계에 이르는 다차원 세계에 살고 있기 때문에 깊고 넓은 역사, 상세한 역사, 차원과 단위 사이의 역사를 인식해야 한다.

  학문으로서 역사는 인간, 또는 쓸 줄 알고 문서를 생산할 수 있는 인간이 역사의 적합한 주제라고 가정한다. 하지만 점차 역사학자들은 과거에나 현재에나 지구에 인간만 살고 있는 것이 아니며 인간끼리의 관계로만 역사가 흘러가지 않았음을 인식하고 있다. 사람들은 늘 자신이 거주하는 환경, 동일한 공간에 존재하는 동물과 도구, 인간의 삶을 가능하게 만들거나 때로는 불행을 일으키는 미생물, 병원체와 상호작용했다. 시간을 폭넓고 깊게 인식하면서 역사학자들은 인간과 환경, 동물과 도구, 질병 간의 상호작용을 연구할 수 있었다. 허리케인, 전염병, 저항성 동물, 컴퓨터 오류 등의 예에서 알 수 있듯 인간은 상호작용을 완벽하게 통제하지 못하는 존재다. 세계에서 환경, 동물, 미생물, 심지어 도구조차 자체적인 힘을 지니며 인간과 별개로 움직이며 인간이 사는 세상을 형성한다. 이러한 상호작용의 역사는 인간이 우주의 주인이 아니며 지구와 다른 종을 무시한 행동 때문에 오늘날 우리가 직면한 문제가 벌어졌음을 인정하도록 일깨운다.

그러한 질문에 대한 연구가 오늘날 곳곳에서 진행되고 있다. 코끼리는 4,000년 전만 해도 중국에서 흔히 찾아볼 수 있는 동물이었지만 점차 남쪽의 협소한 지역으로 서식지가 바뀌었다. 농가가 토지 소유를 주장하고 삼림 서식지를 파괴하며 작물 재배를 위협하던 코끼리를 몰살시키고 상아를 얻기 위해 사냥했기 때문이다. 중세 연구자들은 유럽에서의 물의 이용이 취락 유형과 재산권을 둘러싼 갈등으로 이어졌음을 발견했다. 북미 원주민 연구에서는 17세기 말 일부 부족이 말을 키우면서 농업과 사회적으로 파괴적인 결과가 발생한 사실이 드러났다. 유럽의 신대륙 정복 활동으로 신대륙과 유럽 사이에 식물, 동물, 질병, 인간의 대대적인 이동이 가능해졌으며 이를 '콜럼버스의 교환'이라고도 부른다. 한 가지 예를 더 들면, 17세기 지구의 기온이 내려가면서 유럽인들은 위기 극복을 위해 식민지를 찾아 나섰지만 북미에 정착하려는 초창기 시도가 번번이 실패로 돌아갔다. 극단적인 기후변화 때문에 제임스타운에 식민지를 건설하려던 사람들의 사망률이 증가했고 대양을 건너는 장거리 여행은 더 위험해졌다. 전 지구 시간에 대한 관심은 역사를 분석하는 캔버스를 확대한다. 그 캔버스에 나타나는 그림은 과거에 익숙하게 봤던 그림과 매우 다른 경우가 많다.

인간, 태양, 말, 비행기, 매독균은 동일한 시간에 존재한다고 볼 수 있다. 하지만 시간 체계는 인간이 고안했기 때문에 인간을 제외한 나머지 요소가 인간과 동일한 방식으로 시간의 진행을 경험하거나 시간의 흐름을 일종의 진행 과정으로 여기지는 않는다. 보다 중요한 사실은 현재와 과거에 이질적 공동체에 속한 인간이 다양한 방식으로 시간을 경험하고 개념화했다는 것이다. 역사 연구의 새롭고 흥미로운 관점으로 상이한 조직과 시간 경험에 대한 연구를 들 수 있다. 우리는 동조성synchronicity과 동시성simultaneity을 점점 중요하게 여기는 세계화된 세상에 살고 있지만 사실 시간대란 1800년대 말 전까지는 존재하지도 않다가 철도 일정 때문에 사용되기 시작한 것이다. 오늘날 우리에게 가스등이 발명되기 이전의 밤 시간, 산업화 시대 이전의 계절, 무선통신이 발명되기 이전의 일에 대한 경험은 마치 스페인에 정복되기 이전 마야에서 쓰던 시간 체계만큼이나 이질적이다. 마야에서는 시간의 흐름을 상형문자로 기록했다. 헤겔처럼 마야인도 시간이 내적 진실을 드러낸다고 여겼지만 그들에게 시간은 선형의 순서를 따라 흘러가지 않았다. 마야인은 시간이 20년씩 열세 번 단위로 구성되어 끝없이 순환이 반복되는 원형 구조를 띤다고 생각했다. 순환이 영원히 반복되기 때문에 역사는 곧 예언이기도 했다. 과거로 미래를 예측할 수 있었다.[3] 시간 구성의 다양한 체계를 다루는 역사는 그러한 체계가 얼마나 우발적이고 다채로운지를 알려주며 우리가 사용하는 시간 구성도 역사의 산물일 뿐이며 보편적으로 유효한 것은 아님을 일깨워준다.

존중의 윤리

/

시간을 구성하는 여러 방법을 연구하면 환경, 동물, 미생물의 역사에서 얻은 견문이 더 넓어진다. 새로운 유형의 역사는 인간을 가족, 이웃, 도시, 나라나 세계의 일원이 아닌 하나의 종으로 바라보도록 만들고 인간의 한계를 일깨워준다. 인간은 지구에서 혼자 살아가지 않으며 그럴 수도 없다. (반려견 없는 내 삶을 상상할 수 없지만) 언젠가 인간은 동물 없이 살아가는 상상을 할지도 모른다. 그렇더라도 박테리아, 식물, 물이나 햇빛까지 없는 상태에서 생존할 수는 없다. 인간과 환경이 맺은 관계의 역사는 장기적인 생존에서 존중이 꼭 필요한 요소임을 일러준다.

존중의 윤리는 헤겔의 경우에서도 봤지만 역사적 문제에 대한 손쉬운 판단으로 이어지지 않는다. 역사는 지역과 세계, 우리의 역사와 타인의 역사, 학계와 대중, 과거와 미래 사이의 긴장으로 얽혀 있다. 그 긴장은 극복될 수 없으며 오직 탐색할 수 있을 뿐이다. 예를 들어, 지역의 역사는 역사학자가 해당 지역을 광범위한 맥락에서 살필 때 더 큰 설득력을 지닌다. 스펙트럼에서 지역 역사의 반대편에 위치한 세계사는 수많은 지역 단위로 구성되어 있으며 국가 역시 마찬가지다. 민족국가는 내부에서 벌어지는 사건에 관심을 기울이지 않아도 연구할 수 있는 자체적인 제도를 갖추고 있다. 반면 세계사에 적합한 체계를 제공하는 세계적 차원의 제도는 미비하다. 이를테면 학자들이 인권 언어가 세계적으로 어떻게 확산되는지 연구하려는 경우 국제연합UN이나 다양한 비정부기구에서 언어의 쓰임을 연구하는 정도로는 충분치 않다. 여러 나라, 정부, 비정부 분야에서의 언어 사용도 연구에 포함시켜야 한다. 결국 세계란 여러 지역이 모인 공간이기 때문이다.

역사학자는 새로운 채널을 통해 증거를 찾아내기를 즐긴다. 대통령이나 총리의 전기든 사하라 이남의 이슬람권에서 서적이 거래되는 경로든 구체적인 특징이나 맥을 찾아 파고든다. 이때 좁은 시야는 직업적으로 경계해야 할 위험 요소이지만 특정 분야에서 족적을 남기기 위해 전문화가 진행되면서 시야가 더 좁아지는 문제가 나타난다. 나는 박사논문과 첫 번째 저서에서 1786년과 1790년 사이 프랑스의 도시 두 곳을 다뤘다. 같은 나라에 속한 도시이고 짧은 기간을 다루기는 했지만 두 도시를 비교한다는 점에서 엄청난 작업이라고 생각했다. 이러한 작업은 공무원, 동요하는 군중, 새로운 방위군에 합류한 사람들의 삶을 깊이 파고들 수 있음을 의미했다. 이에 당시의 혼인계약서, 관계망, 클럽 회원권, 주소 등을 살폈다. 국가의 발전이 궁극적으로는 수많은 국민에게 달려있다고 하더라도 국사에서는 그러한 국민들을 충분히 중요시하지 않는다. 국사와 세계사는 현지화된 역사가 제공하는 블록을 모아 구성된다.

우리 역사와 타인의 역사 사이에 일어나는 갈등에서도 새로운 통찰력을 얻을 수 있다. 각 나라와 집단마다 독특한 역사를 설정하려 하지만 정체성의 역사는 뿌리 찾기, 장애 극복 스토리, 아직 남은 도전 과제의 서술처럼 유사한 서사

유형을 따르는 경향이 있다. 과거의 서사에서 배제된 집단에 관심을 기울이면 익숙한 이야기가 해체되고 새로운 서사를 작성할 수 있다. 갈등은 특히 정착민 사회에서 강하게 일어났는데 국사는 정착민을 집중 조명해야 하는가, 유리된 자들을 조명할 것인가, 아니면 이들 모두를 조명할 것인가? 둘 혹은 그 이상의 집단을 어떻게 묘사해야 하는가? 2000년대 호주에서 벌어진 '원주민의 역사전쟁'이라는 대표적 사례를 통해 우리는 갈등의 해결은 긴장의 제거가 아닌 토론과 논쟁으로 얻을 수 있음을 알 수 있다.[4]

우리 역사와 타인의 역사 간에 형성되는 긴장을 전 세계 규모로 확대해볼 수 있다. 앞서 살펴봤듯 서구 역사를 초기에 집필한 사람들은 서양이 다른 지역보다 우월하다고 가정하는 경우가 많았다. 하지만 서양이 오랫동안 다른 지역과 맺었던 관계를 살펴보면 그렇지 않을 가능성이 대두된다. 로마인에게 유럽은 야만인들의 땅이자 문명의 정반대에 있었다. 아리스토텔레스와 같은 그리스 사상가들의 사상은 서양문명의 원천으로 칭송되었지만 그러한 사상은 1150~1250년에 아랍어를 라틴어로 번역하는 과정에서 유럽인에게 알려졌다. 또한 오늘날 많은 역사학자들은 1100~1800년 세계경제를 유럽이 아닌 중국이 주도했다고 생각한다. 유럽이 교역에 관심을 갖고 대서양을 횡단하는 노예무역을 수행하고 산업화시대에 이르게 된 추동력은 상당 부분 동양의 물자를 얻으려는 욕망에서 비롯되었다. 처음에는 향료가, 나중에는 중국의 실크, 차, 도자기, 인도의 캘리코가 그런 역할을 했다. 교역, 기술, 군사력이나 문화 분야에서 우월성은 세계의 어느 한 지역에서 다른 지역으로 이동했으며 앞으로도 계속 이동할 것이다.

1800년대 전문적인 역사학 분야가 탄생한 이후 학계와 통속적 역사 간 긴장은 다양한 형태를 취했다. 월터 스콧 Walter Scott의 베스트셀러 같은 역사소설과 통속적 역사는 1789년 프랑스 혁명이 일어난 수십 년 동안 역사를 즐기는 거대한 독자층을 구축했다. 역설적이게도 봉건적 과거와 단절하려는 프랑스 혁명가들의 열망은 과거사에 대한 연구를 부추겼다. 하지만 역사가 대학을 중심으로 한 전문지식이 되면서 사료 편찬 논쟁이 벌어질 때 역사학자들은 통속적 역사를 부적절하게 기록되고 독창성이 떨어지며 정보가 부족한 역사로 무시했다.

이와 동시에 학자들이 과학을 모델 삼아 전문성을 추구하면서 학계의 역사는 불가사의하고 소수의 동료 학자들만 이해할 수 있는 기록으로 변질됐다. 전문성이 높아질수록 (듣기만 해도 따분한) 논문의 독자는 줄어들었다. 내 연구 분야인 프랑스 역사의 경우 웹 오브 사이언스Web of Science 데이터베이스에 따르면 프랑스 역사와 관련해 1900~1910년에 영어로 서평 열한 편과 기사 한 편이 발표되었다.[5] 반면 2000~2010년에는 841편의 기사와 서평이 발표되었다. 이 분야에 대해 집필된 책은 더 많을 것이다. 이토록 방대한 새 정보와 해석을 누가 따라잡을 수 있을까? 역사학자들은 흐름에 뒤처지지 않기 위해 전문 분야의 범위를 좁혔다.

현재 학계와 통속적 역사는 각각 영역을 확대하고 있지만 서로 간의 거리는 줄어들고 있다. 미국역사학회의 역사학과 및 조직 명부에는 역사학 박사를 수여하는 대학이 175곳 나열되어 있으며 역사학자의 숫자는 1만 2,000명 이상이다. 역사라는 분야는 루시 새먼이 바사 칼리지의 역사, 경제학, 정치학 교수로 임명되던 1880년대와 비교해 크게 달라졌다.

"

역사학자들은 한편으로는 전문가의 요구와 대학
의 요구 사이에서 길을 찾고, 또 한편으로는 지식
을 읽기 쉬운 형태로 풀어내는 과제를 해결해야
한다.

"

오늘날 바사 칼리지에는 역사학만 담당하는 교수가 열네 명에 달한다. 그런데도 역사학자들은 새먼의 시대에서 향수를 느끼고 있다. 새먼과 그녀의 동료들은 초등학교와 중등학교에서 역사를 어떻게 가르칠 것인가에 대해 적극적인 흥미를 보였다. 그들이 쓴 글은 지금처럼 전문적이지 않았기에 많은 대중에게 읽혔다.

　오늘날 역사학자들은 학문적 지위를 확보하는 동안 무엇을 잃었는지 잘 알고 있으며 많은 학자들이 가독성 높고 적어도 학생들이 읽을 만한 방식으로 글을 쓰려고 노력한다. 이 경우에도 학계와 통속적 역사 간 긴장을 유지하는 것이 바람직해 보인다. 역사학자들은 한편으로는 전문가의 요구와 대학의 요구 사이에서 길을 찾고, 또 한편으로는 지식을 읽기 쉬운 형태로 풀어내는 과제를 해결해야 한다.

　마지막 긴장에 속하는 과거와 미래 간의 균형은 뜻밖의 어려움을 던져준다. 우리는 미래에 부딪힐 문제에 대비하기 위해 우리가 오늘날에 이른 과정을 알고자 한다. 한편으로는 시간의 흐름 속에서도 가족, 국가나 지구에서 연속성을 유지하기 위해 우리가 존재해온 장소에 대해서도 파악하려 한다.

안타깝게도 미래에 영향을 미치려는 전자의 노력은 연속성을 지키려는 후자의 노력을 퇴색시켰다. 하지만 미래는 연속성의 인식 없이는 무의미하다.

역사학이 발전하고 통속적 역사가 관심을 얻으면서 무게중심은 현재로 이동했다. 오늘날에는 하버드대학의 모든 학생이 로마사 강의를 필수적으로 들어야 하는 상황을 상상하기도 어렵다. 교육받은 사람이 무엇을 알아야 하는지에 대해 교수와 대중의 생각은 거의 일치하지 않을 것이다. 심지어 정의상 과거를 다루는 역사학 내부에서도 연구가 먼 과거보다는 지난 한두 세기에 집중되고 있다. 1970년대 이전에는 유럽과 미국에서 저명한 역사학자를 꿈꾸는 학자들 대다수가 국가가 형성되던 시기, 즉 중세나 16~17세기 유럽이나 식민지, 미국의 공화국 초기에 대해 기록했다. 여전히 프랑스에서는 15세기 르네상스부터 프랑스 혁명에 이르는 기간을 '근대'라고 부르며 1789년 이후는 '현대'로 분류하는데 역사학자보다는 언론이 다루기에 적절한 시기임을 시사한다. 프랑스에서 19세기 역사는 1970년대에, 20세기 역사는 1990년대에 기틀이 마련되었다. 현재 프랑스에서도 영국, 미국에서처럼 위대한 역사학자는 20세기 역사를 다룰 가능성이 높다.

모든 고등교육 기관의 입학률에서 알 수 있듯 학생들은 가장 최근의 시대를 다루는 역사 강의를 선호한다. 물론 카리스마 넘치는 강사나 대학의 요구를 받아 고대나 중세 역사를 선택할 수는 있겠지만 수요가 20세기 역사에 몰리고 있다. 박사논문도 이러한 추세를 따라간다. 최근 120년 동안 미국에서 집필된 역사 논문을 연구한 조사에 따르면 1950년 이전에 발표된 논문은 1800년 이전의 역사를 주로 다뤘다. (미국 역사에 국한되지 않고 역사 전반을 아우른다.) 하지만 전체적으로 보면 대다수의 논문이 1750~1950년에 집중되어 있다.[6] 학문 분야로서 역사는 과거에 일어난 사항을 무시하는 위기에 처해 있는 것이다.

'현재주의presentation'는 여러 양상으로 나타나며 최근 역사에 관심을 기울이는 태도에만 국한되지 않는다. 여기에는 오늘날의 규범으로 과거의 인물들을 판단하는 행위도 포함된다. 헤겔은 자유에 대한 독일의 인식을 모든 사람들에게 적용했다는 점에서 현재주의자였다. 하지만 헤겔의 태도가 오늘날의 이해와 어긋난다고 해서 그를 비판한다면 우리도 역시 현재주의자다. 현재주의는 역사가 과거와 맺는 관계에서 지속적으로 긴장을 일으킨다. 역사가 오늘날의 관심사에 그 어떤 이야기도 들려주지 않는다면 전혀 영향력을 갖지 못할 것이다. 우리에겐 어느 정도의 현재주의가 필요하지만 과거를 현재의 입장에서만 바라본다면 그 과거에 우리의 기준을 적용하는 것뿐이다. 현재주의를 강하게 고집할 경우 연대표를 존중하지 않는 시대착오적인 실수를 저지르게 된다. 과거는 우리가 깨달음을 얻고 발견할 수 있는 공간이 아닌 우리 자신의 무력한 거울로 전락하고 만다. 반대로 현재주의가 지나치게 약화되어서도 곤란하다. 때로는 우리 자신의 가치로 과거를 판단해야 할 필요가 있다. 히틀러를 단순히 정치인의 한 사람으로만 분석하고 장애인, 유대인, 집시, 슬라브족에 대한 탄압을 일종의 정책적 선택사항이라고 할 수 있는가? 적절한 수준의 현재주의를 유지하기란 언제나 어려운 과제다. 우리의 선택이 끊임없이 토론과 논쟁의 대상이 될 때에만 올바른 선택을 내릴 가능성이 커진다.

우리는 과거에서 무엇을 배우는가? 내 경우에는 우리보다 앞서 존재했던 사람들에 대한 존중을 배운다. 역사적 시간에 대한 폭넓고 깊은 이해를 시도하더라도 이전에 통용되던 두 가지 접근법은 여전히 유효하며 접근법마다 역사 지식을 이해하는 특별한 방법을 제공한다. 문화가 세계화되더라도 본받을 만한 전형은 여전히 필요하며 고대 그리스와 로마뿐 아니라 다른 여러 곳에서도 전형을 발견할 수 있다. 길가메시 서사시, 불경, 공자의 가르침, 아프리카나 남아메리카 부족의 수많은 구전은 일부 사례일 뿐이다. 기술의 변화, 인구 증가, 직업의 전문화가 진행되더라도 근본적으로 지혜는 변하지 않는다. 지혜는 과거에 살았던 사람들이 직면한 문제를 어떻게 해결했는지 살필 때 발견할 수 있다.

진보에 의문을 제기할 수 있지만 다양한 형태로 역사를 구성하는 이야기를 들려주는 행위 자체에는 시작과 끝이 있으며 이에 따라 진행이 일어난다. 과거의 모든 요소가 우리의 이야기를 위해 선택한 결말로 이어질 필요는 없지만 결말은 이야기가 전달되는 방식에 영향을 미친다. 결말이 어떻게 났는지 설명하는 일과 이 과정에서 선택 감각을 유지하는 일 사이에 벌어지는 긴장은 역사를 기록하면서 절충점을 찾기가 가장 어려운 부분이다. 선택의 여지가 없다면 이야기는 재미가 없어지며 선택이 논리적이지 않다면 이야기는 개연성을 잃는다. 우리에겐 굳이 진보에 대한 이야기가 아닐지라도 여전히 거창한 서사가 필요하다. 그 서사의 성격이 어때야 하는지 고찰하는 일은 역사를 흥미진진한 분야로 만드는 요소 가운데 하나다.

　새로운 전망은 끊임없이 제기된다. 우리 삶의 곳곳에 미디어가 존재하게 되면서 역사학자들은 시각적 표현의 역할에 관심을 두기 시작했다. 역사라는 분야는 문서와의 관계를 통해 정의되었다. 이러한 관계가 완전히 사라지지는 않겠지만 정보를 전달하는 색다른 방법도 고려 대상이 되고 있다. 문맹률이 높던 1800년대 말 이전의 사회에서는 시각적 형상이 중요한 역할을 했다. 일반 대중에게는 논문, 조약이나 공식 문서보다 기념물, 행렬과 행진, 사리함, 목판화 등이 더 직접적인 영향을 미쳤다. 마찬가지로, 디지털 세계가 도래하면서 새로운 접근법이 발생하고 있다. 이제 역사학자들은 온갖 종류의 방대한 데이터베이스에 접근할 수 있고 검색을 통해 몇 초 만에 결과를 얻을 수 있다. 게다가 새로운 방법은 앞으로 계속 증가할 것이다. 학자들은 새로운 기술을 활용하는 방법뿐만 아니라 신뢰도를 평가하는 방법도 찾아야 한다.

　시각과 디지털 역사 등 새로운 분야의 출현은 역사가 미래를 예견할 수 없으며 그 미래가 불러일으키는 변화의 혜택을 입을 뿐이라는 사실을 상기시킨다. 미래 예측은 우리의 상상력으로만 가능하며 미래가 현재로 다가오기 전까지는 어떤 예측이 옳은지 알 수 없다. 반면 과거는 불완전한 모습이라도 파악할 수 있으며 과거에 닿기 위해 타임머신을 탈필요도 없다. 그저 우리에게 필요한 것은 호기심과 앞서 세상을 살아간 사람들이 세계를 어떻게 이해했는지 배우려는 의지다. 왜 그래야만 하는지에 대해서 2,000년 전 활동한 로마의 정치인 키케로Cicero는 이렇게 설명했다. "태어나기 전에 일어난 일에 무지하다면 어린아이로 남아있는 것과 다름없다. 인간의 삶이 역사의 기록을 통해 선조들의 삶과 엮이지 않는다면 무슨 가치가 있을까?"[7]

주

1장 역사가 그 어느 때보다 더 중요해진 이유

1. Josh Voorhees, "All of Donald Trump's Birther Tweets" (Slate.com, September 16, 2016). Available at http://www.slate.com/blogs/the_slatest/2016/09/16/donald_trump_s_birther_tweets_in_order.html.

2. Carole Cadwalladr, "Antisemite, Holocaust Denier . . . yet David Irving Claims Fresh Support" (Guardian, January 15, 2017). Available at https://www.theguardian.com/uk-news/2017/jan/15/davidirving-youtube-inspiring-holocaust-deniers.

3. Karl Vick, "Iran's President Calls Holocaust 'Myth' in Latest Assault on Jews" (Washington Post, December 14, 2005). Available at http://www.washingtonpost.com/wp-dyn/content/article/2005/12/14/AR2005121402403.html.

4. Emma Green, "The World is Full of Holocaust Deniers" (The Atlantic, May 14, 2014). Available at https://www.theatlantic.com/international/archive/2014/05/the-world-is-full-of-holocaust-den iers/

370870/.

5. Stephen A. Kippur, Jules Michelet: A Study of Mind and Sensibility (Albany, NY: SUNY Press, 1981).

6. Time, vol. 36 (September 11, 1940): 62.

7. Rupert Wingfield-Hays, "Japanese Revisionists Deny WW2 Sex Slave Atrocities" (BBC News, August 3, 2015). Available at http://www.bbc.com/news/world-asia-33754932.

8. Gi-Wook Shin and Daniel C. Sneider, eds., History Textbooks and the Wars in Asia: Divided Memories (New York: Routledge, 2011).

9. Frances Helyar, "Political Partisanship, Bureaucratic Pragmatism and Acadian Nationalism: New Brunswick, Canada's 1920 History Textbook Controversy," History Education, 43:1 (2014): 72–6.

10. Raphael Granvaud, "Colonisation et decolonisation dans les manuels scolaires de college en France," Cahiers d'istoire. Revue d'istoire critique, 99 (April 1, 2006): 73–1.

11. Will Dahlgreen, "The British Empire is 'Something to be Proud of'" (YouGov.co.UK., July 26, 2014). Available at https://yougov.co.uk/news/2014/07/26/britain-proud-its-empire/.

12. Tom Engelhardt and Edward T. Linenthal, "Introduction: History Under Siege," in Edward T. Linenthal and Tom Engelhardt, eds., History Wars: The Enola Gay and Other Battles for the American Past (New York: Henry Holt, 1996), p. 4; Mike Wallace, "Culture War,

History Front," in ibid., pp. 185, 187.

13. Warren Leon and Roy Rosenzweig, eds., History Museums in the United States: A Critical Assessment (Urbana: University of Illinois Press, 1989).

14. Adrian Vickers, "Where Are the Bodies: The Haunting of Indonesia," The Public Historian, 32:1 (2010): 45–8.

15. Audrey R. Chapman and Hugo van der Merwe, eds., Truth and Reconciliation in South Africa: Did the TRC Deliver? (Philadelphia: University of Pennsylvania Press, 2008).

16. For a preview of the Rome Reborn project, see https://www.youtube.com/watch?v=28b8FgCUUoQ. For Bergen, see https://www.youtube.com/watch? v= UeE4 LbocQaw. Projet Bretez (eighteenth-century Paris) is available at https://sites.google.com/site/louisbretez/ home.

2장 역사적 진실을 찾아서

1. Leopold von Ranke, The Theory and Practice of History, ed. with an introduction by Georg G. Iggers (London: Routledge, 2010), pp. 85–. On the footnote, see Anthony Grafton, The Footnote: A Curious History (Cambridge, MA: Harvard University Press, 1999).

2. Gabriele Lingelbach, "The Historical Discipline in the United States: Following the German Model?" in Eckhardt Fuchs and Benedikt Stuchtey, eds., Across Cultural Borders: Historiography in Global

Perspective (Lanham, MD: Rowman & Littlefield), p. 194.

3. Dipesh Chakrabarty, Provincializing Europe: Postcolonial Thought and Historical Difference (Princeton, NJ: Princeton University Press, 2000), p. 28.

4. Qadri Ismail, "(Not) at Home in (Hindu) India: Shahid Amin, Dipesh Chakrabarty, and the Critique of History," Cultural Critique, 68: 1 (2008): 210–7, quote p. 214.

5. Chase F. Robinson, Islamic Historiography (Cambridge: Cambridge University Press, 2003), p. 143.

6. Partha Chatterjee, "Introduction: History and the Present, " in Partha Chatterjee and Anjan Ghosh, eds., History and the Present (London: Anthem Press, 2006), p. 1.

7. Partha Chatterjee, Empire and Nation: Selected Essays (New York: Columbia University Press, 2010), p. 26 (essay first published in 1991).

8. John S. Brownlee, Japanese Historians and the National Myths, 1600–945: The Age of the Gods and Emperor Jinmu (Vancouver: UBC Press, 1997), pp. 82, 157.

9. David Saville Muzzey, An American History (Boston: Ginn, 1920), p. 20.

10. Georg Wilhelm Friedrich Hegel, The Philosophy of History, trans. J. Sibree (New York: Colonial Press, 1900), pp. 104 and 441.

3장 역사의 정치

1. George Kitson Clark, "A Hundred Years of the Teaching of History at Cambridge, 1873–973," The Historical Journal, 16:3 (1973): 535–3, quote p. 540.

2. Henry Adams, The Education of Henry Adams: An Autobiography (Boston: Houghton Mifflin Company, 1918), p. 302.

3. American Historical Association, "The Study of History in Schools (1898): A Report to the American Historical Association by the Committee of Seven, 1898." Available at https://www.historians.org/about- aha-and-membership/aha-history-and-arch ives/archives/the-study-of-history-in-schools.

4. Maxine Berg, A Woman in History: Eileen Power, 1889–940 (Cambridge: Cambridge University Press, 1996), p. 108.

5. Robert B. Townsend, "What the Data Reveals about Women Historians" (American Historical Association, May 2010). Available at https://www.historians.org/publications-and-directories/perspectives-on-history/may-2010/what-the-data-reveals-about-women-historians.

6. Royal Historical Society, "Gender Equality and Historians in UK Higher Education" (January 2015). Available at https://royalhistsoc.org/wp-content/up loads/2015/02/RHSGenderEqualityReport-Jan-15.pdf.

7. Carl Bridenbaugh, "The Great Mutation," The American Historical Review, 68: 2 (1963), 315–1, quotes pp. 322–, 328.

8. Stuart Hall (with Bill Schwarz), Familiar Stranger: A Life Between Two Islands (Durham, NC: Duke University Press, 2017), pp. 157–8.

9. Robert B. Townsend, "The Rise and Decline of History Specializations over the Past 40 Years" (American Historical Association, December 2015). Available at https://www.historians.org/publications-and-directories/perspectives-on-history/december-2015/the-rise-and-decline-of-history-specializations-over-the-past-40-years.

10. In every case, I consulted the websites of the universities. For the University of Cambridge, I counted the main concern of those listed as professor of history. For the University of Warwick, I used their online system of finding expertise, which allows staff to list more than one interest. For the University of Sydney, I counted all academic staff.

11. On the advanced placement standards controversy see, for example, Lauren Gambino, "Oklahoma Educators Fear High School History Bill Will Have 'Devastating' Impact" (Guardian, February 20, 2015). Available at https://www.theguardian.com/us-news/2015/feb/20/oklahoma-ap-history-bill-devas tating-dan-fisher. On the Black Robe, see http://www.blackrobereg.org/.

12. https://www.dcu.ie/stem_education_innovation_global_studies/events/2017/May/HEIRNET-2017-Conference.shtml.

4장 역사의 미래

1. Hegel, The Philosophy of History, pp. 103 and 105.

2. The most influential of the efforts to recast history much further back in time can be found in David Christian, Maps of Time: An Introduction to Big History (Berkeley: University of California Press, 2011).

3. Nancy M. Farriss, "Remembering the Future, Anticipating the Past: History, Time, and Cosmology among the Maya of Yucatan," Comparative Studies in Society and History, 29:3 (July 1987): 566–3.

4. Bain Attwood, Telling the Truth About Aboriginal History (Crows Nest, New South Wales: Allen & Unwin, 2005).

5. https://webofknowledge.com.

6. Ben Schmidt, "What Years Do Historians Write About?" (Sapping Attention, May 9, 2013). Available at http://sappingattention.blogspot. com/2013/05/what- years-do-historians-write-about.html.

7. Peter G. Bietenholz, Historia and Fabula: Myths and Legends in Historical Thought from Antiquity to the Modern Age (Leiden: Brill, 1994), p. 57.

더 읽어볼 책

• 국내에 번역 출간된 책은 원서 제목 뒤에 한글 제목을 적어놓았다.

근래에 역사학이 점차 학문의 한 분야로 인식되어가고 있다. 이제 우리는 역사란 무엇인가, 역사는 무엇이었는가, 그리고 역사는 무엇이 될 것인가에 관한 안내서를 어디서나 쉽게 찾아볼 수 있다. 하지만 그러한 저작물이 급증하고 있음에도 불구하고, 많은 역사학 교수들은 더 이상 학문 분야로서의 역사학에 대한 역사적 또는 철학적 연구에 관심을 두지 않는다.

역사학자들은 그저 자신의 연구에만 매달리고자 하며, 그로 인해 그들의 전공 하위분야와 관련된 논의에 최대한 집중하는 편이다. 그 결과 고대 그리스, 중국 왕조, 미국의 남북

전쟁과 재건, 20세기 멕시코 등과 같이 대부분 지역과 시간에 한정적이다.

역사학의 역사에 대한 연구는, 때로 '역사기록학 historiography'이라 불리기도 하는데, 최근 강조되고 있는 세계사 그리고 서구의 것과는 매우 다른 전통의 역사학 저작물을 고려하고자 하는 경향으로 인해 훨씬 어렵다. 아래에 나열한 책들을 제외하고는 모두가 서양사에 집중하고 있다.

E. H. Carr, 『What is History?(역사란 무엇인가)』, Richard J. Evans의 새로운 서문이 실렸다.(Houndmills: Palgrave, 2001)

새로운 서문이 실려 출간된 2001년만 해도 이미 40년이 된 책이다. 이 작은 책은 여전히 역사학 연구에 있어 가장 생생하고 가장 도발적인 기본서 가운데 하나다. 특별히 원인과 과정, 사실의 모호성에 대한 논의는 충분히 주목할 만하며, 이 모든 것들 가운데 최고는 쉽게 읽힌다는 것이다.

Ludmila Jordanova, 『History in Practice』, 2nd edn (London: Bloomsbury Academic, 2006)

공적 역사가 이제 막 알려지기 시작할 즈음, 영국의 광범한 역사가들 중 한 사람에 의해 첫 출간되었다. 이 작은 책은 역사 연구와 저작물들에 대해 상당히 유익한 기초 정보를 제공한다. 특히 다른 인문학 및 사회과학과 관련한 지역 역사와, 중요하지만 종종 무시되곤 하는 연대기적 주제를 중시한다.

John Tosh, 『The Pursuit of History: Aims, Methods and New Directions in the Study of History』, 6th edn (London: Routledge, 2015)

부제가 이 책의 전반적인 내용을 말해준다. 이 책은 현대 역사학 연구에 관한 모든 것을 다루고자 한다. 명료하고 빈틈없이, 상당한 깊이에서 최근 역사학 발전의 모든 것을 비평한다. 추가로 과거와 현재의 유명 역사학자, 핵심 콘셉트와 용어에 관한 유용한 정보를 제공한다.

Sarah Maza, 『Thinking about History(역사에 대해 생각하기)』, (Chicago: University of Chicago Press, 2017)

카가 위대한 기본서를 썼다면, 이 책은 오늘의 자리로 그를 불러낸다. 저자는 역사학에 관한 최근 논란과 더불어 과학의 역사부터 사물의 역사에 이르는 폭넓은 범위의 새로운 접근법에 대해서 훌륭하게 설명하고 있다. 또한 특정 저자들과 그들의 책에 대해서도 잘 설명한다.

Georg G. Iggers, Q. Edward Wang, and Supriya Mukherjee, 『A Global History of Modern Historiography』, 2nd edn (London; Routledge, 2016)

이 책은, 너무 많은 주제를 다루고 있어서 완벽하지 않을지는 모르나, 세계의 다양한 역사기록학적 전통들을 통합하고자 하는 첫 단계이다. 역사학에 대한 접근방식을 비교하는 데 있어 일종의 참고서로서 유용할 뿐만 아니라, 역사학 저작물에 대한 새로운 생각을 촉발시킬 수도 있다.

위의 개론서 목록이 더 길어질 수도 있다. 한편 어떤 책들은 역사학자들 사이에서 커다란 공명을 일으켰던 어떤 중요한 문제들을 다루고 있기 때문에 살펴볼 가치가 있다. 여기에 상당히 오랜 기간 지적 논쟁을 불러일으킨 저작물들을 소개한다.

Joyce Appleby, Lynn Hunt, and Margaret Jacob, 『Telling the Truth about History(역사가 사라져 갈 때)』, (New York: W. W. Norton, 1994)

출간된 지 20년이 넘었음에도 이 책을 목록에 포함시킨 이유는, 역사적 진실을 더 나은 어떤 것으로 대체하는 것에 대한 논의를 다루고 있기 때문이다. 이 책은 '역사적으로 완전한 사실'이라는 개념 그리고 '모든 역사적 사실에 대한 부정'이라는 개념 모두에 동의하지 않는 중간 입장을 고수한다. 말하자면 저자들은 늘 그러했든 일시적인 진실, 즉 이 책에서 취한 바 철학적 문제에 유의하여 발전시킨 입장을 주장한다.

Dipesh Chakrabarty, 『Provincializing Europe: Postcolonial Thought and Historical Difference(디페시 차크라바르티, 유럽을 지방화하기)』 (Princeton, NJ: Princeton University Press, 2000)

저자는 역사학 연구에 있어 유럽 중심주의를 몰아내는

데 앞장서고 있다. 물론 저자 홀로 이런 일을 하는 것은 아니지만, 이 책은 특별한 영향력을 갖는다. 그 자신이 유럽 중심주의적 역사학에 정통하기 때문일 것이다. 현재 그는 역사학에 접근하는 데 있어 중요한 변화를 말해주고 있는 기후변화에 더 관심을 기울이고 있다. 오직 시간이 답해줄 것이다.

Joan Wallach Scott, 『Gender and the Politics of History』 (New York: Columbia University Press, 1988)

만일 젠더 역사를 역사학의 한 분야로 정립한 책을 한 권 꼽으라면 바로 이 책이 될 것이다. 스콧은 프랑스 사상가 미셸 푸코와 자크 데리다의 '포스트모더니즘'을 적극 수용한 이유로 많은 비판의 대상이었다. 그러나 그녀는 이 이론을 잘만 활용하면 역사학과 같은 따분한 분야를 어떻게 바꿔놓을 수 있는지를 보여주었다.

Stuart Hall, 『Cultural Studies 1983: A Theoretical History』, edited by Jennifer Daryl Slack and Lawrence Grossberg (Durham, NC: Duke University Press, 2016)

홀은 마르크시즘과 프랑스 구조주의를 한데 섞고 일부 포스트모더니즘과 인종에 대한 관심을 더한 이른바 '문화연구'의 창시자이다. 그전까지는 그 어떤 프랑스 이론과 마르크시즘도 이런 식으로 연구하지 않았다. 1980년대 이후 이런 방식의 강연은 1980년대, 1990년대, 그리고 지금까지도 문학 이론가과 역사학자들을 뒤흔든 중대한 이론 논쟁을 소개하는 데 활용되고 있다.

가장 흥미로운 부분인 새로운 영역으로의 탐험을 마지막으로 소개한다.

Iain McCalman and Paul A. Pickering, eds., 『Historical Reenactment: From Realism to the Affective Turn』(Houndmills: Palgrave Macmillan, 2010)

오랫동안 무시되어온 역사 재현은 일종의 만들어진 역사, 이 경우 공공에 의해 만들어진 역사에 대해 매우 흥미로운 질문을 제기한다.

Mark Elvin, 『The Retreat of the Elephants: An Environmental History of China(코끼리의 후퇴)』 (New Haven, CT: Yale University Press, 2004)

인간과 코끼리 사이의 '전쟁'을 너무 많이 강조하고는 있지만, 저자는 코끼리의 관점에서 발전을 이해하고자 한다.

Daniel Lord Smail, 『On Deep History and the Brain』 (Berkeley: University of California Press, 2008)

스메일은 역사학적인 모든 것에 있어 진정한 모험가이다. 이 책에서 그는 역사학자는 더 이상 글을 쓸 때 범위를 한정 짓는 시간의 틀에, 또는 관습적 자료와 방법에 스스로를 제한하지 말아야 한다고 주장한다. 그는 역사적 분석에 뇌와 몸의 화학반응을 응용하는 신경역사학neurohistory에 동의한다.

Peter N. Miller, 『History and Its Objects: Antiquarianism and Material Culture since 1500』, (Ithaca, NY: Cornell University Press, 2017)

사물 그리고 시간과 관련 있는 이 책은 대부분의 역사학 연구와는 달리 매우 개인적인 목소리로 쓰였다. 따라서 이 책에서 너무 짧게 다뤄진 주제를 좀 더 발전시키는 데 매우 적절하다.

린 헌트, 역사 읽기의 기술
무엇이 역사인가

1판 1쇄 찍음 2019년 9월 9일
1판 1쇄 펴냄 2019년 9월 16일

지은이 린 헌트
옮긴이 박홍경
펴낸이 조윤규
편집 민기범
디자인 홍민지

펴낸곳 프롬북스
등록 제313-2007-000021호
주소 (07788) 서울특별시 강서구 마곡중앙로 161-17 보타닉파크타워1 612호
전화 영업부 02-3661-7283 / 기획편집부 02-3661-7284 | 팩스 02-3661-7285
이메일 frombooks7@naver.com

ISBN 979-11-88167-20-3 03900

이 도서의 국립중앙도서관 출판예정도서목록(CIP)은 서지정보유통지원시스템 홈페이지
(http://seoji.nl.go.kr)와 국가자료공동목록시스템(http://www.nl.go.kr/kolisnet)에서 이
용하실 수 있습니다. (CIP제어번호 : CIP2019033599)